#오늘당장시작하는_저속노화식단
#100세시대_뇌건강식사법
#우리밥상에딱맞춘_한국형MIND
#저탄수_저당_저염_양질의단백질

맛있는 요리를 만드는 레시피가 있는 것처럼 웃음, 힐링, 성장을 만드는 레시피도 있을까요?
레시피팩토리는 모호함으로 가득한 이 세상에서 당신의 작은 행복을 위한 간결한 레시피가 되겠습니다.

인지장애와 치매 잡는 뇌 건강 식사법
저속노화 MIND 식단

Prologue

저자 이야기 1

나의 할머니, 그리고 치매와의 인연
by 박유경 (의학영양학자)

한국형 MIND 식단 연구 내용은 39쪽

제 외할머니는 경남 진주 '촉석루'에서 매점을 운영하셨습니다. 역사적 의미가 남다른 곳이라 당시 지역의 인기 관광지였어요. 저는 어릴 때 2년간 할머니 손에서 자랐는데, 그때 매점 구석에 조용히 앉아 팔아야 하는 달걀 한 판을 까먹기도 하고, 판매 기념품을 여기저기 숨기기도 하고, 낯선 관광객을 겁도 없이 따라가곤 해서 할머니를 많이 애태우게 했답니다. 지금 생각하면 참으로 죄송한 일이지요.

초등학교 시절에는 할머니가 서울에 올라와 외삼촌 댁에 계셨는데, 예순을 갓 넘긴 할머니에게 치매 증상이 나타나기 시작했습니다. 항상 따뜻했던 할머니가 갑자기 달라져 어린 저에게는 무섭게 느껴질 때도 있었어요. 감정 조절을 못 해 화를 내기도 하셨고, 때로는 텅 빈 눈으로 저를 몰라보는 눈빛의 할머니 모습이 지금도 선명합니다. 당시에는 치매에 대한 사회적 인식도 부족했고, 적절한 치료법도 많지 않았던 것 같습니다. 가족들도 그저 노화의 한 과정으로 여겼던 시절이었어요.

안타깝게도 할머니는 치매 증상이 나타난 후 불과 몇 년 만에 세상을 떠나셨습니다. 돌아가시기 전에는 자신의 딸인 저의 어머니조차 알아보지 못하시는 모습을 보며, 치매라는 질병이 참으로 무섭게만 느껴졌습니다. 자신을 기억하지 못하고, 또 사랑하는 가족을 잃어가는 과정을 지켜보는 것보다 더 큰 아픔이 있을까요? 기억이 사라지며 정체성까지 흐려지는 모습은 어린 저에게도 큰 상처로 남았습니다.

이렇게 막연한 두려움과 아픈 기억으로만 남아있어 거리를 두고 싶었던 치매였는데, 2018년부터 신경과 의사 선생님들의 초대로 치매 관련 공동연구를 하게 되었습니다. 그간 제 연구는 항산화, 항암 분야에 집중되어 있었는데, 치매 예방에 대해 연구를 하면서 노화와 뇌에 대한 이해를 넓히게 되었고, 과거 할머니가 겪으셨던 시간이 어떠한 시간이었을까 조금이나마 이해할 수 있게 되었습니다.

그리고 공교롭게도 그 시기부터 저의 어머니도 예전과 달리 기억력이 감퇴하는 증상을
보이셨습니다. 식구 중 가장 똑똑하고, 재치 있던 어머니가 걱정되어 신경과에 가서 검사를
받으시게 했는데, 결과는 '경도인지장애' 판정이었습니다. 심각한 수준은 아니었지만,
할머니의 기억이 떠올라 마음이 무거웠습니다. 솔직히 고백하자면, 처음에는 어머니보다
제 자신에 대한 걱정이 들었습니다. '어머니의 길을 나도 따라가게 될까', '나도 언젠가 소중한
기억을 하나둘 잃어가게 될까' 하는 두려움과 원망이 가슴을 무겁게 눌렀습니다. 이런 감정이
이기적으로 보일 수 있겠지만, 인간이기에 느낄 수 있는 자연스러운 반응이라고 스스로
위로하면서 많은 생각을 했습니다.

하지만 곧이어 그 생각을 바꿀 수 있었던 것은 지금은 40여 년 전 할머니 시절과는
완전히 다른 시대임을 깨달았기 때문입니다. 빠르게 발전하는 의학 분야의 성과와 더불어
치매에 대한 사회적 인식과 지원 시스템도 크게 개선되었고, 초기 증상부터 적극적인 중재가
가능해졌으며, 인지 기능 유지를 위한
다양한 프로그램들도 개발되었습니다.
무엇보다도 제 자신이 이 질병에
대해 영양적인 관점에서 연구하는
전문가로서, 어머니와 또 다른
환자분들을 위해 실질적인 도움을
줄 수 있는 위치에 있다는 사실이
큰 위안이 되었습니다.

> 할머니의 치매와 어머니의 경도인지장애를 겪으며 단순한 연구를 넘어, 가족의 아픔을 몸소 느끼고 보듬으면서 더 많은 분들에게 도움을 드려야겠다는 소소한 사명감을 갖게 되었습니다.

실제로 어머니에게 드리는 다양한 영양 관련 건강 팁으로 어머니의 건강 상태는 7년째
경도인지장애에서 치매로 진행되지 않고 현재까지도 잘 관리되며 건강하게 지내고 계십니다.

이런 개인적인 경험과 연구 경험이 맞물려, 저는 치매에 관한 공부를 더욱 집중적으로
하게 되었습니다. 단순한 학문적 호기심을 넘어, 가족의 아픔을 몸소 느끼며 보듬으면서
더 많은 사람들에게 도움을 주고자 하는 소소한 사명감도 생겼습니다.
이 책은 그런 마음에서 탄생했습니다. 다양한 서적과 논문들을 읽으며 치매 예방과
관련된 영양적인 다양한 자료들을 통해 배우고 연구한 지식들, 특히 식사와 관련된 정보들을
소개하고 있습니다. 과학적 연구 결과와 임상 경험을 바탕으로 하되, 환자와 가족의
눈높이에서 치매를 이해하고 함께 대응해 나갈 수 있는 실질적인 지침서가 되기를 바랍니다.

또한 치매와 싸우고 있는 많은 환자와 가족들에게 작은 위로와 도움이 되기를 진심으로
바랍니다. 치매라는 긴 터널을 지나는 여정에서, 이 책이 작은 손전등이 되어 앞길을
비춰줄 수 있기를, 그리고 무엇보다 희망의 메시지를 전할 수 있기를 진심으로 소망합니다.

Prologue

저자 이야기 2

삶을 지어내는 시간, 먹는 것이 나를 만든다
by 이미경 (요리연구가)

남녀노소 모두가 좋아할 MIND 밥상

오랜 시간 요리연구가로서 수많은 식재료와 요리법을 탐구해 왔고 지금도 그 여정은 이어지고 있습니다. 요리 공부를 시작하던 시절, 학교에서는 세계 3대 진미인 '푸아그라, 트러플, 캐비어'를 맛보고 평가할 줄 알아야 진짜 '미식가(美食家)'가 되며, 요리연구가는 곧 미식가여야 한다고 배웠습니다. 그래서 그 맛을 제대로 알지도 못하면서 아는 척을 했던 시절이 있었지요. 새로운 식재료는 항상 궁금해 맛보았고 접시 위 화려하게 표현된 음식이 등장할 때마다 맛보며 평가하는 과정을 반복했습니다. 맛있는 음식을 즐겨 먹으며, 음식의 맛과 질에 대해 높은 관심과 감식력을 가진 사람을 뜻하는 '미식가'가 되기 위해 부단히 애썼지만, 그 에너지가 결국 나와는 맞지 않았습니다. 그래서 그 시절 저는 미식가가 되지는 못했어요.

그럼에도 불구하고, 일터에서 하루 종일 요리하는 일은 즐거웠습니다. 누가 밥을 먹으러 오겠다고 하면 언제든 환영했고, 냉장고 속 몇 가지 재료를 꺼내 간단한 밥상을 차려 함께하는 순간이 참 행복했습니다. 바로 그런 일상이, 제가 요리연구가로서 수많은 레시피를 만들어 낼 수 있었던 원동력이 되었습니다. 그리고 작은 텃밭을 가꾸며 살게 되면서 계절마다 나는 신선한 재료들이 자연스럽게 제 곁에 닿았고 저의 요리는 점점 더 심플해지고 요리하는 즐거움은 커졌습니다.

재료가 중심이 되는 저의 심플한 건강요리들은 다양한 세대가 반겨주었는데, 특히 더 좋아해주는 세대가 시니어들이랍니다. 고령화 사회로 접어들면서 1인 가구 시니어들이 점점 늘어나고 있습니다. 그래서 지역마다 있는 치매안심센터에는 요리를 포함한 다양한 교육 프로그램이 진행되고 있는데, 그중에서도 쿠킹 클래스는 가장 인기 있는 프로그램이에요. 저는 치매안심센터에서 오랜 시간 강의를 진행하며, 시니어들과 직접 마주하고 있습니다. 그들은 치매에 대한 두려움을 가장 크게 느끼지만, 정작 음식을 만드는 일에는 흥미를 잃고, 식사 자체를 소홀히 하는 경우가 많아요.

그 모습을 지켜보며, 저는 음식이 단순한 영양 공급을 넘어 인지 건강에
얼마나 중요한지를 절실히 깨달았습니다. 요리는 손과 뇌를 동시에 쓰는 활동이며,
기억을 자극하고 삶의 활력을 되찾게 하는 힘이 있습니다. 시니어들을 만나면서
음식이 곧 삶의 의욕과 연결되어 있다는 것을 또 한번 느끼게 되었습니다.

몇 해 전, 저속노화 식단에 대한 이슈를 트렌드에 민감한 딸아이를 통해 접하게 되었습니다.
요즘 '핫한 식단'으로 떠오른 이 식단을 보며, 가속노화를 부추기는 단순당이 잔뜩 들어간
탄산음료와 디저트, 정제 곡물을 사용한 시리얼과 빵, 흰쌀밥, 가공식품 중에서도
초가공, 초초가공식품이 가득한 간편식과 배달 음식이 일상이 된 시대에 제가 추구하는
'재료 중심의 심플한 건강식'을 마주하려는 이들이 늘고 있다는 것이 무척 반가웠습니다.

특히 저속노화 식단은 뇌 건강과 아주 밀접한 관련이 있는데요, 이는 세대마다 노화를
바라보는 시선과 관심의 영역은 다를 수 있지만, 평균수명이 늘어난 지금, 결국 모두가
바라는 것은 끝까지 나로 살 수 있도록
해주는 뇌 건강이라는 공통된 마음이
있다는 것을 느꼈습니다.

> 요리는 손과 뇌를 동시에 쓰는 활동이며,
> 기억을 자극하고 삶의 활력을 되찾게
> 하는 힘이 있습니다. MIND 추천 재료인
> 통.채.단.견.베.올로 간단하게, 맛있게
> 요리하고 집밥을 즐겨보세요.

저는 지금까지 다양한 대상과 목적에
맞는 요리책을 여러 권 썼지만,
이 책은 어느 때보다 특별합니다.
왜냐하면 이 책이 완성되면
가장 먼저 매일 실천할 사람이 바로
'저속노화'와 '뇌 건강'을 더욱 더 신경 써야 할 중년인 저와 제 친구들이기 때문입니다.
그래서 제 친구들과 함께 요리하고, 건강한 내일을 맞이하기 위해 이 책 속 레시피를 최대한
간단하면서도 맛있게 만들었습니다.

최근 들어 요리의 즐거움을 점점 잃어가고 귀찮아하는 분들이 많은데, 저는 이 책을 통해
'통.채.단.견.베.올'을 핵심으로 요리하는 재미 자체가 곧 '저속노화'와 '뇌 건강'으로
연결될 수 있다는 메시지를 전하고 싶습니다. 요리의 즐거움을 다시 찾아줄 수 있다면
그 자체가 건강한 변화의 시작이 되리라 믿고 있습니다.

저는 이제 다시 '미식가'가 되어 보려고 합니다. 특별한 음식을 찾아다니는 사람이 아니라,
지금의 저에게 맞는 음식을 잘 이해하고, 잘 챙겨 먹는 사람인 진짜 '미식가(美食家)'.
'건강한 뇌'를 위한 미식, 그리고 건강한 삶을 지어내는 시간을 만들어 가고 싶습니다.

Contents

Prologue
- 04 나의 할머니, 그리고 치매와의 인연
- 06 삶을 지어내는 시간, 먹는 것이 나를 만든다
- 12 당신은 저속노화와 뇌 건강에 도움 되는 식사를 하고 있나요?

Guide 인지장애와 치매 잡는 저속노화 MIND 식사법 이해하기
- 16 인지 능력이 떨어지는 것, 누구에게나 나타나는 노화 현상
- 24 저속노화와 뇌 건강을 위해 꼭 알아두어야 할 식생활과 영양 지침
- 40 오늘부터 바로 실천하는 한국형 MIND 식사법

Q&A
- 58 영양과 요리부터 생활습관까지, 궁금한 것들에 대한 질문과 답변

Menu Plan
- 250 한국형 MIND 2주 식단

Index
- 252 주 재료별 메뉴 찾기

이 책의 모든 레시피는요!

✓ 표준화된 계량도구를 사용했습니다.
- 1컵은 200㎖, 1큰술은 15㎖, 1작은술은 5㎖ 기준입니다.
- 계량도구 계량 시 가루류는 윗면을 평평하게 깎아서, 액체류는 찰랑찰랑 담길 때까지 담아야 정확합니다.
- 밥숟가락은 보통 12~13㎖로 계량스푼(큰술)보다 작으니 감안해서 조금 더 넉넉히 담아야 합니다.

✓ 채소, 과일, 해산물은 중간 크기를 기준으로 제시했습니다.
- 양파, 당근, 오이, 단호박 등 개수로 표시된 채소는 너무 크거나 작지 않은 중간 크기를 기준으로 개수와 무게를 표기했습니다.

Part 1 초간단 사이드메뉴
넉넉히 만들어 매끼 활용할 수 있는
MIND 만능템

MIND 쌈장	68	견과류 쌈된장
	70	올리브유 쌈장
	70	풋고추 버섯쌈장
후무스	72	병아리콩 후무스
	74	파프리카 후무스
	74	가지 강황 후무스
페스토	76	바질페스토
	78	버섯페스토
	78	올리브페스토
라페	80	강황 콜라비라페
	80	비트라페
	81	양배추라페
	81	당근라페
채소 오일절임	84	토마토 마늘 오일절임
	84	모둠 버섯 오일절임
	85	파프리카 오일절임
	85	매콤 가지 오일절임
디핑소스 & 살사	88	참치디핑소스
	88	토마토살사
	89	오이 요거트디핑소스
	89	깻잎살사
부록 1	92	MIND 건강밥 7종
부록 2	96	MIND 저당 간식 5종

contents

Part 2 채소와 버섯, 단백질 반찬
한국형 MIND 밥상에 딱 맞춘 반찬

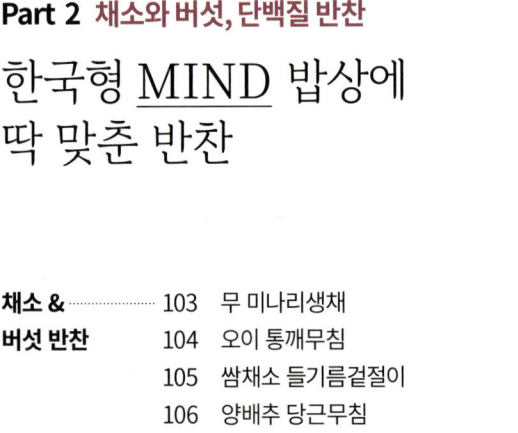

채소 & 버섯 반찬
- 103 무 미나리생채
- 104 오이 통깨무침
- 105 쌈채소 들기름겉절이
- 106 양배추 당근무침
- 107 가지구이무침
- 108 연근냉채
- 110 우엉 당근무침
- 111 토마토 양파 땅콩무침
- 112 브로콜리 들깨무침
- 114 청경채찜
- 116 꽈리고추 가지찜
- 118 숙주 달걀볶음
- 120 파프리카 새우 겨자무침
- 122 통표고버섯 들기름구이
- 123 새송이버섯조림
- 124 노루궁뎅이버섯 애호박볶음
- 126 버섯잡채
- 128 버섯 달걀전

두부 & 콩 반찬
- 130 두부 톳무침
- 132 순두부 달걀찜
- 134 연두부 브로콜리볶음
- 136 두부 명란구이
- 138 두부 오꼬노미야끼
- 140 깐풍두부
- 142 두부 멸치조림
- 143 두부 버섯 강황조림
- 144 땅콩 호두조림
- 145 곤약 병아리콩조림
- 146 채소콩전

닭 & 오리고기 반찬
- 148 닭고기 채소쌈
- 150 닭고기 캐슈넛볶음
- 152 닭고기 가지볶음
- 154 닭고기전과 파무침
- 156 닭봉 채소조림
- 158 닭다리 대파구이와 깻잎살사
- 160 닭가슴살 마르게리타
- 162 훈제오리구이와 채소 냉채
- 164 훈제오리 채소찜
- 166 오리고기 주물럭

생선 & 해산물 반찬
- 168 삼치 머스터드구이
- 170 고등어 간장조림
- 172 구운 꽁치 감자조림
- 174 흰살 생선회 채소무침
- 176 과메기 땅콩쌈
- 178 토마토 문어냉채
- 180 전복 파프리카구이
- 182 새우 토마토 감바스
- 184 연어 조개 채소찜
- 186 버섯 소스의 연어 스테이크

Part 3 아침식사, 밥과 면, 샐러드와 샌드위치
통.채.단.견.베.올 모두 담은
<u>MIND</u> 한그릇 식사

15분 준비
아침식사
- 190 나또 생두부와 그린 샐러드
- 192 수란 그릭요거트와 베리
- 194 대파 오믈렛과 과일 샐러드
- 196 버섯과 달걀 오픈 샌드위치
- 198 순두부 달걀 덮밥

드레싱 없는
식사 샐러드
- 200 토마토 그릭요거트 샐러드
- 202 달걀 채소찜 샐러드
- 204 캐슈넛 사과 양배추 샐러드
- 206 닭가슴살 버섯 오렌지 샐러드
- 208 구운 가지와 콩 샐러드
- 210 구운 버섯 두부 샐러드
- 212 부라타치즈 토마토 샐러드
- 214 갈릭 새우 렌틸콩 샐러드
- 216 연어 병아리콩 샐러드
- 218 참치 콥샐러드

한그릇 밥
- 220 구운 두부 버섯 비빔밥
- 222 새우 숙주 볶음밥
- 224 돼지고기 가지 덮밥
- 226 닭고기 버섯 곤약밥
- 228 뿌리채소 스테이크솥밥
- 230 샌드위치 김밥
- 232 당근라페 달걀김밥

한그릇 별미
- 234 닭고기 렌틸콩국수
- 236 들기름 견과 막국수
- 238 쇠고기 채소 볶음국수
- 240 나또 명란파스타
- 242 아보카도 베리 오픈 샌드위치
- 244 구운 가지 버섯 샌드위치
- 246 훈제연어 통밀 또띠야랩
- 248 두부면 월남쌈

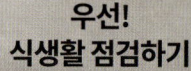

우선! 식생활 점검하기

당신은 저속노화와 뇌 건강에 도움 되는 식사를 하고 있나요?

최근 일주일간 먹었던 음식을 떠올리며 체크하세요.
가장 중요한 것은 '어떤 재료를 얼마나 자주 먹었나' 라는 것.
즐겨 먹는 식재료를 체크하며 현재의 식생활부터 점검해봅시다.

✓ 체크하기

종류	어떤 재료를	얼마나 자주 먹나요?	YES	NO
채소, 과일, 견과류	녹색 잎채소	매일 한 번 이상 먹나요?	☐	☐
	그 외 채소	매일 한 번 이상 먹나요?	☐	☐
	베리류(특히 블루베리)	일주일에 2회 이상 먹나요?	☐	☐
	견과류(특히 호두와 아몬드)	일주일에 5회 이상 먹나요?	☐	☐
통곡물	현미, 잡곡으로 만든 밥, 면, 빵	매일 주식으로 통곡물을 즐겨 먹나요?	☐	☐
단백질 식품	콩류나 콩 가공품(두부, 나또, 템페 등)	일주일에 3회 이상 먹나요?	☐	☐
	튀기지 않은 생선류	일주일에 1회 이상 먹나요?	☐	☐
	튀기지 않은 닭과 오리	일주일에 2회 이상 먹나요?	☐	☐
	쇠고기, 돼지고기, 가공육 등 적색육	일주일에 3회 이하로 먹나요?	☐	☐
오일, 치즈	올리브유	매일 요리에 자주 활용하나요?	☐	☐
	버터나 마가린류	일주일에 1회 이하로 먹나요?	☐	☐
	치즈류	일주일에 1회 이하로 먹나요?	☐	☐
그밖에	튀긴 음식	일주일에 1회 이하로 먹나요?	☐	☐
	케이크나 파이 등 달콤한 디저트	일주일에 4회 이하로 먹나요?	☐	☐

* 적포도주도 MIND 식단 권고 식품이나 본 도서에서는 강조하지 않음.

✓ **결과 보기** YES 하나당 1점으로 계산하세요.

술을 마신다면, 레드와인 한 잔 정도만 추천!

9점 이상
좋아요!
이대로 유지해도 좋지만,
몇 항목만 점수를 높이면
완벽하겠어요!

6~8점
약간 노력이 필요해요.
이 책의 식단을 적극 활용해
저속노화와 뇌 건강을
챙기세요.

5점 이하
아쿠, 식생활의 변화가 필요해요.
이 책의 식단으로 식탁을
과감하게 바꿔
점수를 팍팍 올리세요.

▶ 이 점검표를 활용해 주기적으로 식생활을 점검하세요.
점수가 점점 높아지고 있다면, 여러분의 식생활이 점점 더
건강해지고 있다는 의미랍니다.

인지장애와 치매 잡는

저속노화 MIND 식사법 이해하기

Guide Part 1

인지 능력이 떨어지는 것, 누구에게나 나타나는 노화 현상

노화는 우리 몸 전체에 광범위하게 영향을 미치는 자연스러운 과정입니다.
나이가 들어감에 따라 근력은 약해지고,
관절의 유연성은 감소하며, 피부의 탄력은 떨어지죠.

뇌 기능 역시 변화를 겪습니다.
이름이나 물건을 둔 장소를 순간적으로 기억하지 못하거나,
새로운 정보를 습득하는 데 더 많은 시간이 필요하다고 느끼게 되죠.
이 모든 것은 자연스러운 노화의 일부입니다.

하지만 어떤 경우에는 여러 요인으로 인해 인지 능력에 장애가 생기고,
치매라는 병에 걸리기도 합니다. 첫 파트에서는 나이가 들어감에 따라
나타나는 뇌 기능의 자연스러운 변화와 점차 늘어나고 있는
경도인지장애와 치매에 대해 알아보겠습니다.

자연스러운 노화 현상 vs. 병으로 발전하는 상태

"어? 기억력이 예전 같지 않네", "천천히 설명해봐, 이해가 빨리 안되니까."
나이가 들어감에 따라 인지 능력은 다소 떨어질 수 있어요. 물론 일상생활에 지장이 있는 건 아닙니다.
하지만 노화를 넘어 경도인지장애나 치매와 같은 병으로 발전하는 경우가 있습니다. 왜 그런 걸까요?

**자연스러운
노화 현상 :**

**인지 능력은 떨어져도
핵심 기능은 유지**

나이가 들면, 이런 능력은 떨어져요!
- 정보 처리 속도가 다소 느려져요.
- 동시에 여러 작업을 수행하는 능력이 감소해요.
- 새로운 정보를 기억하는 데 더 많은 노력이 필요해요.
- 간혹 단어나 이름이 생각나지 않는 현상이 발생해요.

이런 능력은 유지돼요!
- 판단력이나 문제 해결 능력은 크게 손상되지 않아요.
- 핵심적인 인지 기능은 유지되어 일상생활에 문제가 없어요.

Guide Part 1

병으로 발전하는 상태 : 경도인지장애와 치매

경도인지장애 Mild Cognitive Impairment, MCI
노화와 치매의 중간 단계

인지 기능 특히 기억력이 많이 저하되지만,
일상생활을 독립적으로 수행하는 능력은 여전히 유지되는 상태.

왜 일어날까요?

다양한 원인이 복합적으로 작용해 발생하는데, 원인에 따라 치매로 진행되는 위험 정도가 달라져요. 따라서 조기 진단, 원인이 되는 질환의 치료, 위험 인자의 관리 등이 아주 중요합니다.

- 가장 크게 영향을 미치는 원인 중 하나는 고혈압, 당뇨병, 고지혈증 등의 심혈관계 질환이나 관련 위험 인자를 가지고 있는지 여부입니다.
- 혈관이 손상되어 뇌로 가는 혈류가 감소해 인지 기능 저하가 유발될 수도 있습니다.
- 우울증을 비롯하여 만성 스트레스, 수면 부족, 만성 피로 등 정신적·신체적 건강 문제도 원인이 될 수 있습니다.
- 음주, 흡연, 운동 부족, 불균형한 식습관 등 생활습관도 인지 기능 저하에 영향을 미칠 수 있습니다.
- 영양적인 요인으로는 비타민 B_{12} 및 엽산 결핍이 있으며, 이는 빈혈과 같은 내과적 질환을 유발해 인지 기능을 떨어뜨릴 수 있습니다.

이런 증상이 일어나곤 해요
- 최근 일어난 일이나 중요한 약속을 잊는 경우가 빈번합니다.
- 대화 중 적절한 단어를 찾는 데 어려움을 겪습니다.
- 복잡한 작업이나 지시를 따르는 데 더 많은 시간이 소요됩니다.
- 판단력이나 결정을 내리는 데 어려움을 느낍니다.

이 점이 치매와의 가장 큰 차이점이죠!

그래도 일상생활은 충분히 가능해요
여전히 기본적인 일상생활(식사하기, 옷 입기, 개인 위생 관리 등)과
도구를 활용한 활동(요리, 돈 관리, 쇼핑 등)을 독립적으로 수행할 수 있습니다.

세 가지 형태로 진행될 수 있어요

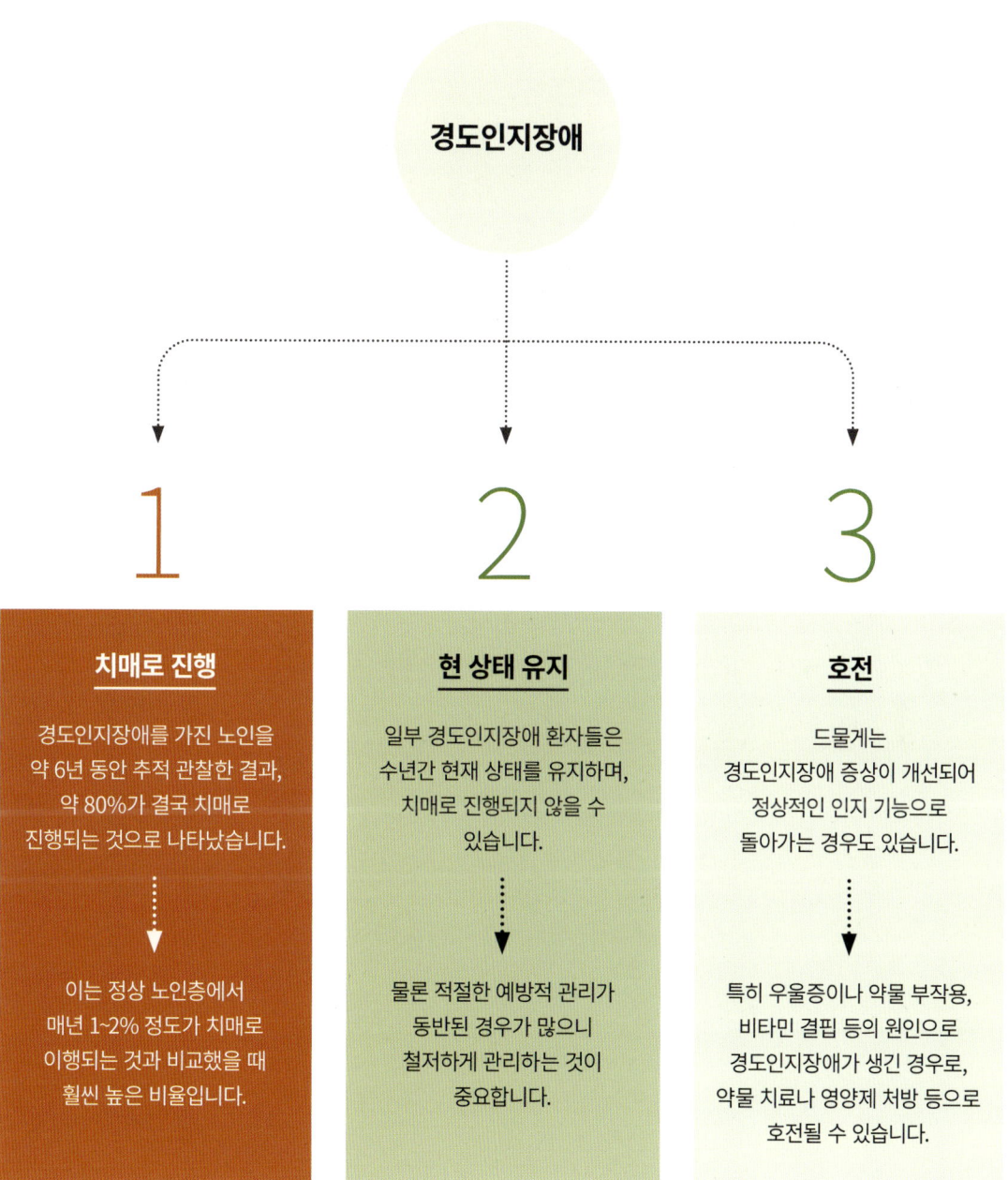

Guide Part 1

> **치매** Dementia
>
> **다양한 원인에 의해 발생할 수 있는 증상군**
>
> 단순한 기억력 저하를 넘어, 인지 기능의 여러 영역에서 심각한 손상이 발생하여 일상생활을 독립적으로 수행하기 어려워지는 상태.

왜 일어날까요?

치매는 한 가지 질환이 아니라, 여러 뇌 질환이나 손상에 의해 발생하는 인지 기능 저하 증후군입니다. 현재까지 80~90가지 원인 질환이 보고되어 있는데, 이처럼 다양한 요인이 복합적으로 작용해 발생하는 질환인 만큼 원인에 따라 예방과 치료 가능성이 다르기 때문에 조기 진단과 위험 요인 관리가 중요합니다.

- 주요 원인은 뇌 신경세포가 점진적으로 퇴행하면서 사멸하기 때문입니다. 또한 뇌에 베타 아밀로이드 단백질(22쪽 참고)이 일정 이상 침착하는 것도 원인이 됩니다. 그 외 뇌졸중 등으로 인한 뇌혈관 손상이나 파킨슨병, 헌팅턴병 등의 질환도 치매의 원인으로 꼽습니다.
- 일부 치매는 조기 진단과 치료로도 회복이 가능합니다. 대표적으로 우울증, 갑상선 기능저하증, 비타민B_{12} 및 엽산 결핍, 당뇨병, 만성 간·신장 질환 등의 영향으로 치매가 시작된 경우입니다.
- 유전적 요인이나 가족력 등은 피하기 어려운 위험 요인입니다.(23쪽 참고) 반면 고혈압, 당뇨, 비만, 우울증, 신체 활동 부족, 사회적 고립, 청각 장애, 과음, 흡연, 비타민D 결핍, 심혈관 질환 등은 얼마든지 개선할 수 있는 위험 요인이니 이들 요인을 관리하면 치매 예방이나 발생 지연에 큰 도움이 됩니다.
- 특히 최근 연구에서 쇠고기와 돼지고기 등 적색육과 그 가공식품을 많이 먹으면 치매 위험이 13% 증가하는 반면, 이를 견과류와 콩류, 생선 등으로 대체하면 치매 위험을 20% 낮출 수 있다는 연구 결과가 있습니다. 즉, 위험 요인 중 식생활도 큰 비중을 차지한다고 볼 수 있습니다.

잘못된 식생활도 치매의 위험요소!

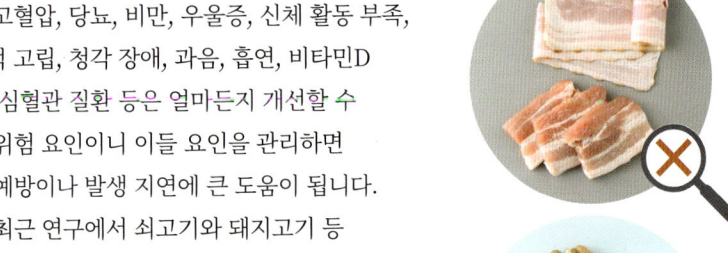

이런 증상이 일어나곤 해요

- 기억력(특히 최근 기억)이 심하게 손상됩니다.
- 언어 능력이 저하되어 단어 찾기나 대화 이해 및 참여 등이 어려워집니다.
- 판단력과 추상적 사고 능력이 떨어집니다.
- 방향 감각이 상실되어 익숙한 환경에서도 길을 잃거나, 운전이 어려워집니다.
- 감정의 기복이 심해지고, 쉽게 화를 내거나 우울해지는 등 성격 및 행동의 변화가 나타나며, 사회적 활동을 피하는 경향이 있을 수 있습니다.
- 요리, 청소, 쇼핑, 재정 관리 등 일상생활을 독립적으로 수행하기 어려워집니다.
- 시간이 지남에 따라 점진적으로 악화되는 경향을 보입니다.

다양한 유형이 있어요

원인에 따라 여러 유형으로 나눌 수 있으며, 각 유형마다 특징적인 증상과 진행 경과를 보입니다. 가장 대표적인 5가지 치매를 살펴볼게요.

① **알츠하이머병 치매 (60~70%)** 뇌에 '베타 아밀로이드 단백질 플라크'와 '타우 단백질 신경원섬유매듭'이 축적되면서 발생해요. 점진적으로 기억력, 언어 능력, 판단력, 사고 능력이 저하되며 서서히 진행됩니다. (22쪽 참고)

② **혈관성 치매 (15~20%)** 뇌 혈관 문제로 뇌가 손상되어 갑작스럽게 발병하는 것이 특징이에요. 뇌졸중 후 나타나는 경우가 많고 고혈압, 당뇨병, 고지혈증, 심장질환 등 혈관 위험 인자를 가진 사람들에게 흔합니다.

③ **루이소체 치매 (10~15%)** 뇌 속에 '알파-시누클레인'이라는 단백질이 과도하게 뭉쳐 '루이소체'라는 집합체를 형성해 발생해요. 치매, 파킨슨 증상이 복합적으로 나타나는 퇴행성 뇌 질환으로 환각, 기억, 운동, 수면 등의 장애를 동반합니다.

④ **전두측두엽 치매** 전두엽, 측두엽 변성으로 발생하며 65세 이전에 발병하는 치매의 주요 원인 중 하나입니다. 초기에는 기억력에 그다지 문제가 없으나, 성격과 행동의 두드러진 변화(무관심, 충동적, 반복적 행동의 증가)가 나타납니다.

⑤ **알코올성 치매** 장기간 과도한 알코올 섭취로 인한 뇌 손상으로 발생하는 치매로 단기 기억력, 방향 감각, 걸음걸이 장애, 눈 운동 이상 등이 나타납니다. 금주와 적절한 영양 섭취로 일부 호전될 수 있습니다.

✓ 알아두세요!

알츠하이머병 치매의 원인 물질, '베타 아밀로이드'가 궁금해요!

가장 많은 치매, 알츠하이머는 어떻게 생기나요?
- 알츠하이머는 이상 단백질인 '베타 아밀로이드(beta-amyloid)', '타우(tau)' 등이 뇌 속에 쌓이면서 뇌 신경세포가 서서히 죽어가는 퇴행성 신경 질환이에요.

베타 아밀로이드가 무엇인가요?
- 베타 아밀로이드는 우리 뇌에서 만들어지는 아주 작은 단백질로, 정상적인 사람의 뇌에서도 매일 만들어지고 있어요.
- 그런데 베타 아밀로이드가 과도하게 생성되어 뇌에 오랜 시간에 걸쳐 침착되면 '아밀로이드 플라크'라는 덩어리가 생겨요. 이 덩어리들이 뇌 신경세포들 사이에 끼어 신경세포들이 서로 신호를 주고받는 것을 방해해요. 그러면 뇌 신경세포들이 점점 약해지고 결국 죽게 됩니다.
- 이러한 기전이 현재 알츠하이머 발병의 핵심 원인으로 알려져 있어요.

왜 베타 아밀로이드가 문제가 되나요?
- 건강한 사람은 베타 아밀로이드가 만들어져도 몸에서 잘 치워져요.
- 하지만 어떤 사람들은 이 단백질이 너무 많이 만들어지거나, 잘 치워지지 않아서 뇌에 계속 쌓이게 돼요. 이것은 마치 방을 청소하지 않고 계속 쓰레기를 쌓아두는 것과 비슷해요. 처음에는 별 문제가 없지만, 점점 많이 쌓이면 방이 더러워지고 생활하기 어려워지죠.
- 이러한 베타 아밀로이드 씨앗이 10년, 20년 치워지지 않고 쌓이면 치매의 강력한 원인이 되는 만큼 건강한 식생활과 생활습관을 통해 관리해야 해요.

조부모나 부모가 치매라면, '치매도 유전'이 되나요?

치매를 앓는 부모님이 계시다면, 저도 앓게 될까요?
- 치매는 가족력이 매우 중요한 질병이에요. 부모나 조부모 중에 치매 환자가 있다면, 그렇지 않은 사람보다 치매에 걸릴 확률이 높아져요.
- 하지만 이것이 100% 유전된다는 뜻은 아니에요. 다만 연구에 따르면, 가족 중에 치매 환자가 있는 경우 치매 발병률이 약 2~3배 정도 높아진다고 합니다. 특히 부모 중 한 분이라도 치매를 앓았다면 더욱 주의가 필요해요.

유전자가 모든 걸 결정하나요?
- 치매와 관련된 대표적인 유전자로 알려진 'APOE ε4 대립유전자'를 보유하면 치매 위험이 높다고 알려져 있고, 이는 서양인보다 동양인에서, 남성보다 여성에서 더 높다고 보고된 바 있습니다.
- 다행인 것은 치매는 유전적 요인뿐만 아니라 환경적 요인도 매우 중요해요. 흡연, 당뇨, 우울 등을 없애고 규칙적인 운동, 건강한 식습관, 충분한 수면, 스트레스 관리, 꾸준한 학습 등을 실천한다면 치매 예방에 큰 도움이 돼요. 즉, 가족력이 있어도 건강한 생활습관을 유지하면 위험을 줄일 수 있어요.

▶ 치매 원인 물질인 '베타 아밀로이드'가 뇌에 침착되는 건 10~20년 전부터 시작되고, 가족 중 치매 환자가 있다면 발병 가능성은 2~3배나 높아집니다.
그래서 예방을 위해서는 40대 중반부터는 뇌 건강을 위한 식사법과 생활습관을 일상화할 필요가 있습니다.

Guide Part 2

저속노화와
뇌 건강을 위해
꼭 알아두어야 할
식생활과 영양 지침

뇌 건강, 인지장애, 치매는 식생활과 어떤 관련이 있을까요?
어떻게 먹어야 뇌 건강을 지키고, 이 질환들도 예방할 수 있을까요?

이번 파트에서는 이 두 가지 궁금증을 풀어보도록 하겠습니다.
우선 뇌 건강과 식생활의 상관관계부터 짚어보고,
뇌 건강을 위해 꼭 챙겨 먹어야 할 영양소와 이들을 많이 함유하고 있는
자연식품을 살펴보겠습니다.

또한 뇌 건강에 좋다고 알려진 세계적인 건강 식사법들과
우리가 이 책에서 추천하는 MIND 식사법의 개념을 알아보겠습니다.
MIND 식사법은 국내에서는 저속노화 식사법으로 소개가 되었는데요,
여러 연구를 통해 과학적으로 뇌 건강에 가장 도움되는 식사법이라는 것이
입증된 바 있습니다.

뇌 건강과 식생활의 상관관계

최근 수십 년간 전 세계적으로 식습관이 빠르게 변화하고 있습니다.
산업화, 도시화, 글로벌화와 가족 구조의 변화(비혼, 핵가족화, 여성 경제활동 증가 등)로 인해
신선식품 위주로 먹던 전통적인 식사 패턴은 점차 사라지고,
가공 혹은 초가공식품, 패스트푸드나 배달, 외식 등이 늘어나면서 당분, 지방, 염분이
높은 식사의 비중이 크게 증가하고 있죠.

이러한 식습관의 변화는 다양한 만성질환뿐 아니라 치매를 비롯한 인지 기능의 저하와도
밀접하게 연관이 있다는 것이 다수의 연구에서 밝혀지고 있습니다.

이렇게 먹으면 ▶

- 초가공식품을 자주 먹어요.
- 붉은 고기와 기름진 음식을 즐겨 먹어요.
- 버터와 정제당도 종종 먹어요.
- 신선식품은 잘 먹지 않아요.
- 식단이 다양하지 않아요.
- 술을 자주 많이 마셔요.

몸은 이렇게 나빠지고 ▶

- 영양 불균형이 생겨요.
- 몸에 염증이 늘어나요.
- 혈관 건강이 나빠져요.
- 장내 미생물 환경이 나빠져요.

뇌에는 이런 영향이 있어요

- 뇌로 가는 혈액의 양이 감소해요.
- 뇌의 신경세포가 퇴행해요.
- 치매를 일으키는 물질인 '베타 아밀로이드(22쪽 참고)'가 뇌에 쌓여요
- 인지 기능이 저하해요.
- 알콜성 치매도 발생할 수 있어요.

뇌 건강 위협하는 식생활 :
늘어나는 초가공식품, 줄어드는 신선식품

초가공식품을 10% 더 먹으면, 치매 위험은 25% 증가해요

'초가공식품'은 가공식품 중에서도 가공 정도가 더 심한, 공장에서 대량 생산되는 것들입니다. 설탕, 염분, 지방은 많고 단백질, 섬유질은 적으며 각종 식품첨가물이 다량 포함되어 있죠.

최근 미국 신경학회 의학저널 <뉴롤로지(Neurology)>에 발표된 대규모 코호트 연구(cohort study : 특정 요인에 노출된 집단과 노출되지 않은 집단을 비교 연구해 질병 발생 관계를 조사하는 것)를 살펴볼게요. 55세 이상 7만 2천여 명을 10년간 추적한 연구 결과입니다.

초가공식품 섭취량이 10% 증가할 때마다 치매 발생 위험이 25%씩 증가했어요.

초가공식품을 가장 많이 섭취한 그룹은 가장 적게 섭취한 그룹에 비해 치매 발생 위험이 50%나 높았어요.

특히 혈관성 치매 발생 위험이 2배 이상 증가했어요.

가공식품(processed food)	초가공식품(ultra-processed food)
• 원재료의 형태가 어느 정도 남아 있어요. • 신선도를 유지하거나 맛을 내기 위해 소금, 설탕, 조미료, 방부제 등 최소한의 첨가물이 들어가요.	• 원재료 형태가 거의 사라지고, 주로 음식의 추출물이나 분리된 성분을 재조합해 만들어요. • 여러 단계의 복잡한 가공 과정을 거쳐 만들어요. • 인공 첨가물(유화제, 착색제, 향료, 방부제 등)이 다량 들어있어요.
치즈, 육포, 통조림 과일, 통조림 참치, 정제 밀가루 등	치킨 너겟, 소시지, 냉동 감자튀김, 사탕, 설탕이 많이 들어간 시리얼, 포장된 과자와 빵, 인스턴트 라면, 청량음료, 아이스크림 등

왜 초가공식품이 뇌 건강을 위협할까요?

① **만성염증을 유발하기 때문에**
- 염증성 물질은 신경세포간 소통을 방해하고, 신경 손상을 악화시킵니다. 또한 유해물질이 뇌로 유입되는 것도 촉진하기 때문에 장기간 지속되는 염증은 인지 기능 저하와 신경변성을 가속화시킵니다.
- 실제로 달고 기름진 음식, 액상과당 음료, 패스트푸드, 가공육 등 염증 유발 식품을 많이 먹는 사람은, 지중해식이나 MIND 식단 등 항염증 식단을 주로 먹는 사람보다 치매 위험이 84%나 높았습니다.

② **혈관 건강을 악화시키기 때문에**
- 초가공식품에 많이 함유되어 있는 트랜스지방, 포화지방, 과도한 나트륨이 혈관을 손상시켜 뇌혈류 감소 및 혈관성 치매 위험을 증가시킵니다.

③ **영양 섭취의 불균형이 일어나기 때문에**
- 초가공식품은 당질과 지방의 과잉 섭취를 유도하는 반면, 비타민과 미네랄 같은 필수 미량영양소의 부족을 초래할 가능성이 높습니다.
- 이러한 영양 불균형은 신경 보호 기능을 저하시켜 인지 기능 저하 및 치매 위험을 증가시킬 수 있습니다

④ **장내 미생물의 변화 때문에**
- 인체 내에는 수십조 개의 미생물이 공존하며 다양한 생태계를 형성하고 있습니다. 장에는 인체 면역세포의 대부분이 위치하고 있어, 이 미생물들은 면역력의 중요한 조절자가 됩니다. 섭취한 음식에서 영양분을 추출하고, 면역체계와 상호작용하며, 심지어 기분과 인지 기능에도 영향을 미치는데, 특히 주목할 만한 것은 장과 뇌 사이의 연결고리입니다.
- '뇌-장 축(gut-brain-axis)'이라 불리는 이 관계는 장내 미생물이 생산하는 물질들이 뇌 기능과 정신 건강에 직접적인 영향을 미친다는 사실을 보여줍니다.
- 인공적으로 처리된 초가공식품들은 장내에서 유익균보다 유해균의 번식을 촉진하여 '디스바이오시스(dysbiosis)'라는 불균형 상태를 초래하고 이는 마치 체내의 생태계에 외래종이 침입해 원래의 균형을 무너뜨리는 것과 같습니다. 이러한 과정이 장기간에 걸쳐 뇌의 인지 기능을 저하시키고, 결국 알츠하이머병을 포함한 치매의 발병 위험을 높인다고 봅니다.

외식이 늘고, 신선식품 섭취가 줄어드는 것도 위협요소

바쁜 생활 패턴으로 인해 외식 빈도가 증가하고 신선식품 섭취가 감소하는 현상이 두드러지고 있습니다. 이러한 식습관 변화는 전반적인 건강은 물론 뇌 건강에도 악영향을 미칩니다.

요즘 건강식을 파는 음식점이 늘고는 있지만, 대체로 외식 메뉴는 칼로리, 나트륨, 포화지방, 설탕 함량이 높은 반면 신선한 채소나 과일, 통곡물, 생선 등 건강한 식품은 부족한 경향이 있습니다. 그러다 보니 뇌 건강에 필수적인 비타민, 미네랄, 항산화제, 필수 지방산 등의 섭취가 줄게 됩니다.

오메가3 지방산, 비타민B군, 비타민E, 폴리페놀 등은 인지 기능 보호에 중요한 영양소이므로 신선식품을 통해 매일 지속적으로 섭취할 필요가 있습니다.

왜 외식 중심의 식생활이 뇌 건강에 좋지 않을까요?

① **항염증 식품 섭취가 줄어들기 때문에**
- 27쪽에 만성염증이 뇌 건강에 좋지 않은 영향을 준다고 설명했는데요, 신선식품 섭취가 감소하면 체내 활성산소로부터 세포를 보호하는 작용이 약화되어 염증반응이 높아지고 산화 스트레스가 증가합니다.
- 만성적인 산화 스트레스는 신경세포 손상을 가속화하고, 치매 원인 물질인 베타 아밀로이드(22쪽 참고)의 과도한 생성, 침착 등을 촉진합니다.
- 그래서 과일, 채소, 견과, 통곡물, 생선 등 항산화·항염증 효과가 있는 식품의 섭취가 줄어드는 것은 치매 위험을 높일 수 있습니다.

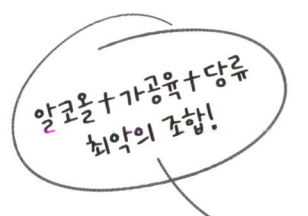

② **건강하지 않은 식사 패턴이 증가하기 때문에**
- 가공육(햄, 소시지 등)과 전분성 식품, 당류, 알코올을 함께 섭취하는 것은 특히 뇌 건강에 좋지 않고, 지속적인 섭취는 치매 위험을 크게 높입니다.
- 가공육에 함유된 아질산염과 다환 방향족 탄화수소는 산화 스트레스와 염증을 촉진하고, 고도로 정제된 전분과 당류는 인슐린 저항성과 대사 이상을 유발해 뇌 대사에 악영향을 미칩니다.
- 알코올의 신경독성 작용은 뇌 구조 변화와 인지 기능 저하를 일으킵니다.
- 이렇게 모든 요소가 복합적으로 작용해 뇌에 베타 아밀로이드(22쪽 참고)가 과도하게 축적되게 하는 등 알츠하이머병 발병 위험을 높이고 증상 진행을 가속화합니다.

뇌 건강을 위해 꼭 챙겨야 하는 7가지 영양소

우리의 뇌는 끊임없이 일하는 중요한 기관입니다. 신경세포의 건강과 인지 기능을 유지하고, 나아가 인지장애와 치매를 예방하기 위해서는 쉴 새 없이 일하는 뇌에 적절한 영양소를 제공해야 해요. 뇌 건강에 도움이 되는 주요 영양소와 이들을 많이 가지고 있는 식품부터 살펴보겠습니다.

영양소는 이렇게 작용해요

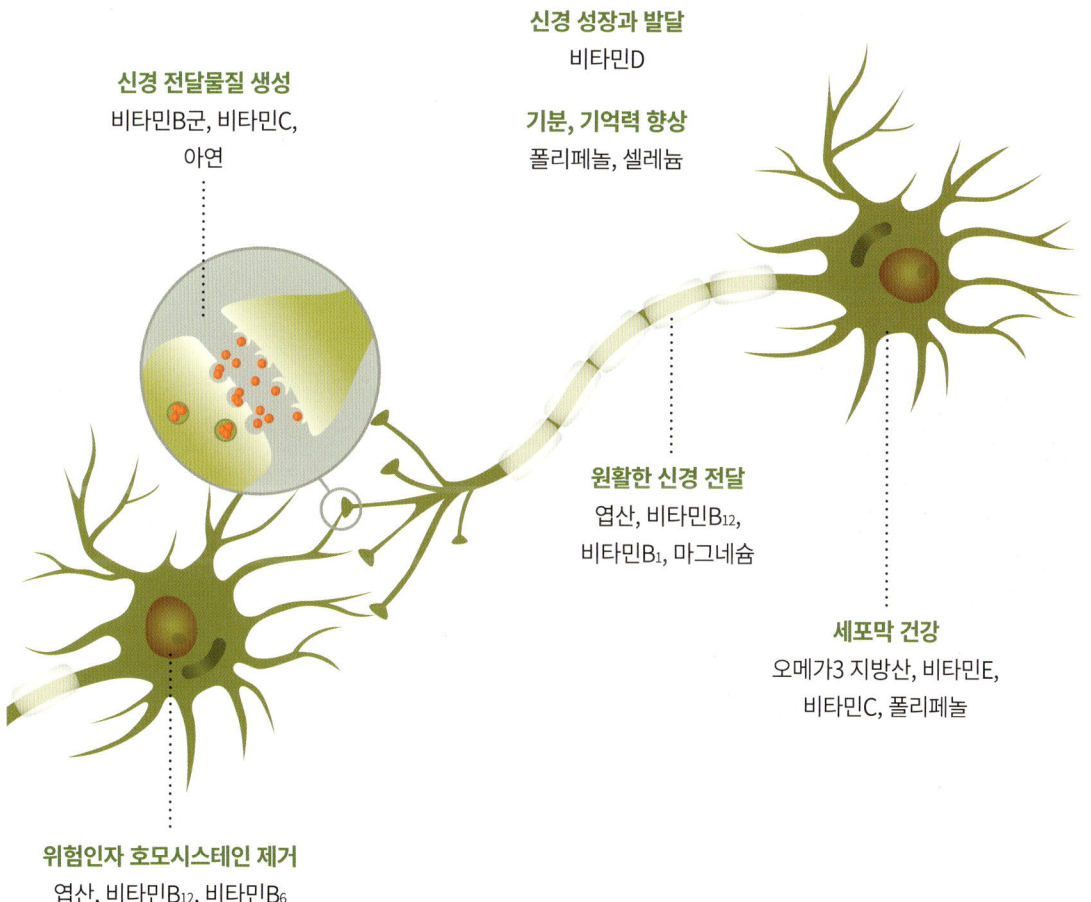

신경 전달물질 생성
비타민B군, 비타민C, 아연

신경 성장과 발달
비타민D

기분, 기억력 향상
폴리페놀, 셀레늄

원활한 신경 전달
엽산, 비타민B_{12}, 비타민B_1, 마그네슘

세포막 건강
오메가3 지방산, 비타민E, 비타민C, 폴리페놀

위험인자 호모시스테인 제거
엽산, 비타민B_{12}, 비타민B_6

1. 오메가3 지방산

- 우리 몸에서 전혀 생성되지 않기 때문에 반드시 식품을 통해 섭취해야 하는 필수 지방산으로 EPA, DHA, ALA 등이 있어요.
- 뇌 세포막의 주요 구성 성분으로 신경세포의 구조와 기능을 유지하는 데 결정적인 역할을 해요.
- 노화 과정에서 발생하는 산화 스트레스와 염증을 억제해 신경 퇴행성 질환을 예방하고, 전반적인 건강 수명을 연장하는 데 기여합니다.
- 27쪽에서 설명한 것처럼 만성염증은 인지장애나 치매뿐만 아니라 심혈관 질환, 관절염, 당뇨병 등 다양한 질환의 근본 원인으로 꼽히는데, 오메가3 중 EPA가 염증 매개 물질의 생성을 억제해 이러한 위험을 감소시켜요.
- 그 외 피부 세포막의 지질 구조를 안정화시켜 주름 형성을 늦추고 수분 유지 능력을 향상시키는 효과도 있습니다.

어떤 식품에 들어있나요?

- **EPA(eicosapentaenoic acid)와 DHA(docosa-hexaenoic acid)**
  고등어, 삼치, 방어, 꽁치, 연어, 참치 같은 등푸른 생선
- **ALA(alpha-linolenic acid)**
  들깨, 들기름, 아마씨, 아마씨유, 호두

2. 비타민B군, 특히 비타민 B_6, B_{12}, B_9(엽산)

- 우리 몸의 에너지 대사부터 신경 시스템의 정상적인 기능까지 다양한 역할을 하는 필수 영양소입니다.
- 특히 뇌의 에너지 생산과 신경전달물질 생성에 직접적으로 관여해 기억력, 집중력, 감정 조절 등 전반적인 뇌 건강을 좌우합니다.
- 비타민B군은 총 8가지 종류(B_1, B_2, B_3, B_5, B_6, B_7, B_9, B_{12})인데, 그중 '비타민B_6, B_{12}, B_9(엽산)'이 뇌 신경계에 가장 큰 영향을 미칩니다.
- 세로토닌(행복 호르몬), 도파민(동기 부여), GABA(진정 효과) 같은 신경전달물질을 만들 때 B_6, B_{12}, B_9(엽산)이 직접 관여합니다. 비타민B_6의 경우, 세로토닌 전구체인 트립토판을 활성화시켜 우울감을 완화하는 데 도움을 줍니다.

어떤 식품에 들어있나요?

- **비타민B_6** 닭고기, 생선, 아보카도 등
- **비타민B_{12}** 바지락, 꼬막 등 해산물 / 고기, 달걀, 우유 등 동물성 식품
- **엽산** 시금치, 대두, 고구마, 감 등

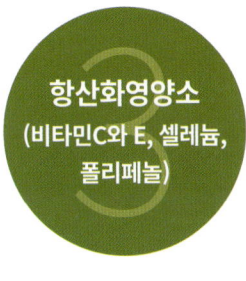

항산화영양소
(비타민C와 E, 셀레늄, 폴리페놀)

- 우리 몸에 생기는 활성산소라는 물질을 없애는 역할을 하는 영양소들이에요.
- 활성산소는 우리가 숨을 쉬거나 음식을 먹는 과정에서 자연스럽게 생기는데, 너무 많아지면 세포를 손상시켜 노화나 질병을 일으킬 수 있습니다.
- 활성산소가 항산화 영양소에 의해 제거되지 않고 과도하게 축적되면 세포막, DNA, 단백질을 공격해 산화 스트레스를 유발하는데, 이는 노화를 가속화하고 심혈관 질환, 암, 신경퇴행성 질환(알츠하이머병 등)과 같은 만성질환의 원인이 될 수 있습니다.

비타민C와 E
- 활성산소를 없애줌으로써 세포를 보호하고 건강을 지켜줍니다.

셀레늄
- 신체와 뇌 건강에 중요한 역할을 하는 필수 미량 영양소로 '글루타치온 퍼옥시다제'라는 항산화 효소의 핵심 구성 요소입니다.
- 뇌는 산소 소비가 많고 지방산이 풍부하여 산화 스트레스에 취약한데, 셀레늄은 이를 완화해 인지 기능 저하와 노화 속도를 늦추는 효과가 있습니다.
- 셀레늄은 뇌 염증을 줄이고, 베타 아밀로이드 축적을 억제하며, 단백질이 잘못 접히는 현상을 방지해 뇌 세포 손상을 예방하는 역할을 하는 아주 중요한 영양소입니다.
- 최근 연구에 따르면 셀레늄 수치가 낮은 사람은 알츠하이머병, 파킨슨병, 다발성 경화증 등의 신경퇴행성 질환 위험이 높으며, 특히 노인의 경우 셀레늄 결핍이 인지 저하와 더 강한 연관성을 보이는 것으로 나타났습니다.

폴리페놀
- 식물이 스스로 만들어내는 생리활성물질로 우리 몸속의 활성산소를 줄여주는 데 중요한 역할을 합니다.
- 특히 폴리페놀은 뇌 건강에 매우 좋아 기억력과 집중력을 높이는 데 많은 도움이 됩니다.
- 폴리페놀은 기분을 조절하는 데 관여하는 신경전달물질의 균형에도 긍정적인 영향을 주어 스트레스 해소나 우울감 개선에도 도움이 됩니다.

Guide Part 2

어떤 식품에 들어있나요?

- **비타민C** 딸기, 키위, 오렌지 등 새콤한 맛이 있는 과일, 파프리카, 시금치, 풋고추, 토마토 등의 다양한 채소
- **비타민E** 새우, 달걀, 견과류, 씨앗류 등
- **셀레늄** 브라질너트, 생선, 해산물, 동물의 내장, 통곡물, 마늘, 양파
- **폴리페놀** 베리류(블루베리, 딸기), 포도, 석류 등의 과일, 다크 초콜릿, 녹차, 홍차 등 기호식품

4 비타민D

- 지용성 비타민이지만, 비타민보다는 호르몬에 가까운 물질로 알려져 있습니다.
- 특히 뇌에는 비타민D를 받아들이는 수용체가 많이 존재하는데, 이는 비타민D가 뇌 건강에도 중요한 역할을 한다는 것을 보여줍니다.
- 비타민D는 뼈 건강을 유지하는 데 필수적인 영양소로 익히 알려져 있지만, 최근 연구에서는 비타민D가 뇌 건강에도 매우 중요한 영향을 미친다는 결과들이 보고되고 있습니다.
- 실제로 혈중 비타민D 농도를 분석해 보면 부족한 경우가 흔히 발견되는데, 이는 신체뿐 아니라 뇌 신경에도 영향을 줄 수 있으므로 관심을 가져야 합니다.
- 흔히 '햇빛 비타민'이라고 불리는 이유는 햇빛을 받으면 피부에서 자연적으로 생성되기 때문입니다. 하지만 자외선 차단제를 바르면 피부에서 비타민D가 만들어지지 않고, 겨울철처럼 해가 짧은 시기에는 충분히 생성되기 어려운 환경이 됩니다.
- 비타민D가 부족하지 않도록 햇빛을 충분히 쬐고, 음식이나 보충제를 통해 적절히 섭취하는 노력이 필요합니다.

어떤 종류가 있고, 어떤 식품에 들어있나요?

- 등푸른 생선, 어류의 간유, 달걀 노른자
- 비타민D가 첨가된 우유나 치즈, 요구르트 등(비타민D 강화식품)

- 뇌 건강과 인지 기능에 여러 중요한 역할을 하는 영양소입니다.
- 콜린은 기억과 학습에 필수적인 신경전달물질인 아세틸콜린의 전구체로, 아세틸콜린은 신경세포간 신호 전달과 인지 기능에 핵심적인 물질이에요.
- 콜린은 세포막의 구조적 완전성을 유지하는 데에도 중요한 역할을 해서 세포막을 건강하게 해요. 세포막의 건강은 신경세포의 기능과 소통이 원활하게 이루어지는 데 필수적이랍니다.
- 그외 콜린은 심혈관 질환과 인지 저하의 위험 요소인 호모시스테인 (아미노산의 일종)의 수치를 낮추는 데에도 도움을 줍니다.

어떤 식품에 들어있나요?

- 달걀 노른자, 간, 쇠고기, 닭고기, 생선, 유제품, 콩류

- 면역 체계에서 중요한 역할을 하는 필수 미량 영양소입니다.
- 아연이 부족할 경우, 감염에 대한 초기 반응은 물론 복합적인 세포 면역 기능이 떨어져 면역력이 약화됩니다.
- 아연은 뇌 건강에도 깊이 관련되어 있어요. 신경전달물질의 조절, 산화 스트레스로부터의 보호, 신경세포의 성장과 분화에 기여하여 인지 기능 유지와 기분 안정에 중요한 역할을 합니다.
- 아연 결핍은 우울증, 주의력 저하, 기억력 문제 등 신경학적 증상과도 연관이 있을 수 있습니다.
- 동물성 급원 식품이 식물성 급원 식품에 비해 흡수율이 높습니다.

어떤 식품에 들어있나요?

- 굴, 붉은 살코기, 통곡물, 콩류

- 에너지 생성에 작용하며 뼈와 치아의 구성요소인 필수 미량 영양소입니다.
- 신경전달물질 조절을 통해 신경 흥분을 억제하고, 뇌 세포의 적응성과 변화 능력을 좋게 합니다. 또한 노화 관련 인지 기능 저하를 방지하고, 산화 스트레스를 낮춰주는 영양소입니다.

어떤 식품에 들어있나요?

- 녹색 엽채류, 견과류, 콩류, 통곡류, 유제품, 육류, 어패류, 달걀, 바나나

뇌 건강에 도움이 된다고 알려진 4가지 식사법

1 지중해 식단

Mediterranean Diet
- 그리스, 이탈리아, 스페인 등 지중해 연안 국가들의 전통적인 식습관에 기반한 식사법으로 다양한 연구를 통해 만성질환과 암 예방, 치매 예방 효과가 입증된 식단입니다.
- 올리브유를 주요 지방 공급원으로 하며, 과일, 채소, 통곡물, 콩류, 견과류를 풍부하게 섭취합니다.
- 단백질 공급원으로는 생선과 해산물을 주 2회 이상 섭취하고, 가금류, 달걀, 유제품은 적당량, 붉은 고기는 제한적으로 섭취합니다.
- 프레디메드(PREDIMED)라는 대규모 연구에서 지중해식 식단을 꾸준히 실천한 사람들은 알츠하이머병을 포함한 치매 발병 위험이 최대 40%까지 감소하는 것으로 나타났습니다.

> 지중해 식단 + DASH 식단을 합쳐 만든 것이 저속노화와 뇌 건강에 특히 좋은 MIND 식사법이랍니다.

2 DASH 식단

Dietary Approaches to Stop Hypertension
- 미국 국립보건원에서 개발한 대표적인 임상 연구 식단으로 원래 고혈압 관리를 위해 개발되었지만, 당뇨병 예방 뿐 아니라 치매 예방에도 효과적인 것으로 밝혀졌습니다.
- 과일, 채소, 저지방 유제품을 풍부하게 섭취하고, 통곡물, 가금류(닭, 오리), 생선, 견과류를 적절히 먹습니다. 반면 나트륨, 붉은 고기, 당류, 포화지방이 많은 식품은 제한하는 것이 특징으로 전반적인 혈관 건강을 증진시킵니다.
- 다양한 연구에서 DASH 식단을 성실히 따른 사람들은 인지 기능 저하 위험이 낮고 기억력, 집행 기능 등의 인지 영역에서 더 나은 성과를 보였습니다.
- 특히 혈관성 인지 장애의 위험 감소에 효과적이며, 장기간 DASH 식단을 유지한 사람들은 치매 발병률이 최대 30%까지 낮아진다는 결과가 보고되었습니다.

3 노르딕 식단

Nordic Diet

- 스웨덴, 노르웨이, 핀란드, 덴마크 등 북유럽의 전통적인 식습관에 기반한 식단으로 그 지역에서 생산되는 제철 식재료와 환경 지속가능성을 강조합니다.
- 혈당 안정에 도움되는 통곡물(특히 호밀, 보리, 귀리), 신경 보호 효과가 있는 뿌리채소와 십자화과 채소(양배추, 브로콜리 등), 항산화와 항염증 효과가 있는 베리류를 많이 먹습니다. 사과와 배 등의 과일, 버섯도 즐겨 먹습니다.
- 오메가3 지방산이 풍부한 생선(연어, 청어, 고등어), 저지방 유제품을 즐겨 먹고 붉은 고기는 제한적으로 섭취하는 것이 특징입니다.
- 노르딕 식단은 특히 APOE ε4 유전자(알츠하이머병의 주요 유전적 위험 요인)를 가진 사람들에게 보호 효과가 관찰되었습니다. 대사증후군, 당뇨병, 심혈관 질환과 같은 치매 위험 요인을 개선하는 효과도 있습니다.

4 오키나와 식단

Okinawan Diet

- 세계적인 장수 지역이자 치매 발병률이 낮은 일본 오키나와 지역의 전통적인 식습관에 기반한 식사법입니다.
- 칼로리 제한과 영양 밀도가 높은 식품을 섭취하는 것이 특징입니다. 고구마, 채소(특히 쓴맛이 나는 채소와 해조류), 두부와 같은 콩 제품을 즐겨 먹고, 소량의 생선과 매우 제한적으로 육류와 가공식품을 섭취합니다.
- 적절한 칼로리 제한은 산화 스트레스를 감소시키고 미토콘드리아 기능을 개선하며, 인슐린 감수성을 높여 뇌 에너지 대사를 최적화합니다.
- 고구마와 다양한 채소에 풍부한 항산화제는 신경세포를 산화 손상으로부터 보호하고, 이소플라본이 풍부한 콩 제품은 신경 보호 효과가 있습니다.
- 오키나와 식단에 포함된 다양한 약용 식물과 허브(강황, 생강 등)는 항염증 효과를 통해 뇌 건강에 기여합니다.
- 연구에 따르면 전통적인 이 식단을 따르는 노인들은 알츠하이머병과 혈관성 치매의 발병률이 현저히 낮습니다. 이들은 인지 기능 검사에서 더 나은 결과를 보였으며, 더 건강한 뇌 구조를 유지하는 것으로 나타났습니다.
- 서양식의 식단으로 전환 후 오키나와 지역의 치매 발병률이 증가한 것은 이 식단의 효과를 간접적으로 뒷받침합니다.

Guide Part 2

뇌 건강 식사법으로 가장 각광받는 MIND 식사법 이해하기

MIND 식사법은 어떻게 시작되었나요?

2015년 미국 러시대학교 메디컬센터와 하버드 공중보건대학원의 마사 클레어 모리스 박사팀의 공동 연구가 있었는데요, 이 연구의 목표는 지중해 식단(34쪽 참고)과 DASH 식단(34쪽 참고)의 장점을 결합한 새로운 식이요법을 개발해 노년층의 인지 기능 저하와 알츠하이머병 등 신경퇴행성 질환의 발병을 효과적으로 예방하는 것이었습니다. 그렇게 만들어진 것이 바로 MIND 식사법입니다.

- **M** Mediterranean-DASH (지중해식과 DASH식)
- **I** Intervention (적절히 조합해 실천하여)
- **N** for Neurodegenerative Delay (신경 퇴행을 늦추기 위한)
- **D** Diet (다이어트, 식단, 식사법)

1000명 이상을 10년간 추적 관찰하며 연구했어요

연구팀은 1000명 이상의 고령자를 최대 10년간 추적 관찰하며, MIND 식사법의 실천 정도와 인지 기능 저하 및 치매 발생률의 연관성을 분석했습니다. 그 결과, 치매 특히 알츠하이머병 예방 등에 매우 긍정적인 결과를 보였습니다. 현재 이 식단은 뇌 건강이나 인지장애와 치매 예방에 가장 효과있는 식사법으로 평가받고 있으며, 국내에서는 저속노화 식단으로 불리며 많은 관심을 받고 있습니다.

MIND 식단을 실천한 이들의 두뇌가 7.5년 더 건강했어요

최근 연구에 따르면 MIND 식단을 철저히 실천한 대상자의 경우 치매의 위험이 53%나 감소하였고, 10년 동안 장기적으로 이 식단을 실천하면 기억 회상, 의미 기억 및 지각 속도의 감소율이 현저히 낮아지는 것으로 나타났습니다. 또한 평균나이가 81.4세인 960명을 4.7년간 추적 관찰한 결과 MIND 식단에 가까운 식단을 실천한 사람의 경우 그렇지 않은 사람에 비해 7.5년 정도 두뇌가 더 건강한 것으로 조사되었습니다.

저속노화와 뇌 건강 잡는 MIND 식단

녹색잎 채소, 콩류, 가금류 등의 섭취를 강조하고 올리브유, 베리류, 견과류와 같은 특정 식품의 섭취를 권장.

=

인지 기능 퇴화를 예방하는 지중해 식단

그리스, 이탈리아 등 지중해 연안에 사는 사람들의 식습관을 일컫는 것으로 채소, 과일, 생선, 올리브유 등의 섭취를 권장하는 반면, 정제된 밀가루, 설탕, 붉은 육류 등의 섭취는 제한하는 것이 특징.

+

고혈압 예방 및 관리를 위한 DASH 식단

소금(나트륨) 섭취를 제한하는 반면 식이섬유, 칼륨이나 칼슘, 마그네슘 등이 풍부한 통곡물, 견과류, 가금류(닭, 오리), 생선 등으로 만든 음식들로 식단을 구성하는 것이 특징.

▶ MIND 식단은 지금껏 알려진 식사법 가운데 저속노화, 뇌 건강, 인지장애와 치매 예방 등에 가장 도움이 된다는 것이 여러 연구를 통해 증명되었습니다. 단, 서양에서 시작된 건강식단이라 한국인의 식생활에 맞춰 보완이 필요해 이 책에 그 내용을 담았습니다.

MIND 식사법에서 추천하는 식품과 섭취 횟수

- 각각의 식품군에 대한 섭취 횟수가 중요해요.
- 녹색잎 채소는 반드시 매일 섭취하라고 강조하고 있어요.
  다른 채소들에 비해 신경인지 기능 저하를 보호하는 것으로 알려져 있기 때문입니다.
- 과일은 특별히 인지 기능 보호에 도움되는 베리류를 강력 추천해요.
- 붉은 육류, 버터와 마가린류, 가공 가염 치즈류, 튀긴 음식 및 패스트푸드, 단과자류를
  제한해요. 이러한 식품군은 포화지방산과 트랜스지방산의 함량이 높기 때문에
  뇌 건강에 좋지 않은 영향을 끼치기 때문입니다.

✓ 읽어보세요!

저자 박유경 교수팀이 개발한 치매 예방 영양 프로그램, 한국형 MIND 식사법

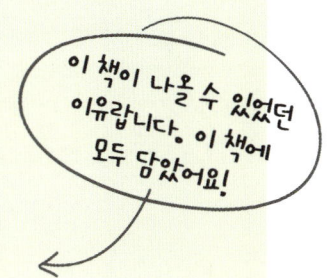
이 책이 나올 수 있었던 이유랍니다. 이 책에 모두 담았어요!

인지장애나 치매를 앓는 인구의 증가로 국내에도 치매지원센터나 통합관리센터가 늘어나고 있는데요, 이곳에선 대부분 치매 고위험군을 대상으로 인지나 운동 훈련은 진행해도 영양이나 식단에 관한 체계적인 프로그램은 없었습니다.

이 책의 저자인 의학영양학자 박유경 교수(경희대)는 보건복지부 지원으로 2017년부터 2019년까지 인하대 최성혜 신경과 교수(리더), 이화여대 정지향 신경과 교수, 아주대 문소영 신경과 교수, 홍창형 정신과 교수, 보바스기념병원 신경과 나해리 원장과 한 팀을 이루어 한국형 치매 예방 프로그램을 개발했습니다.

그것이 바로 '슈퍼 브레인' 프로그램입니다. 그 프로그램 중 영양 관련 내용이 이 책에 소개된 '한국형 MIND 식사법'이지요. 그렇다면 한국형 MIND 식사법은 인지 능력 개선에 효과가 있었을까요?

이 연구진과 두 번의 연구가 있었는데요, 첫 번째 연구에서는 '실제 MIND 식사법을 교육받은 그룹'과 교육받지 못한 그룹을 비교했고, 이어 두 번째 연구에서는 '한국형 MIND 식사법에 따라 실제 식사를 실천한 그룹'과 실천하지 않은 그룹의 변화를 살펴보았습니다. 그 결과, 신경심리검사인 RBANS(인지 기능을 다섯 영역으로 나눠 평가하는 것)은 물론 치매 및 인지장애 선별 검사에서 교육과 실천을 한 그룹의 점수가 모두 향상된 것으로 나타났습니다.

Guide Part 3

오늘부터
바로 실천하는
한국형
MIND 식사법

MIND 식단이 뇌 건강에 효과적이란 건 알겠는데, 서양의 것이라서 한국인에게 적용하기 어렵지 않나요?

아뇨! 오히려 쉽습니다! MIND 식단의 핵심 요소와 한국 전통 식단은 공통점이 많기 때문이에요. 한국인의 밥상에는 다양한 채소, 통곡물(잡곡밥), 콩류, 생선을 풍부하게 포함하고 있으니깐요!

저속노화와 뇌 건강을 위한 밥상

본격적으로!
한국형 MIND 식사법을 시작해볼까요?

MIND 식단과 한국의 식문화는 공통점이 있어, 적절한 조정을 통해 한국인의 식생활에 자연스럽게 통합될 수 있습니다. 한국의 식문화를 존중하면서 MIND 식단의 핵심 원칙을 적용해 인지장애와 치매 예방, 뇌 건강, 저속노화라는 건강상의 이점을 얻을 수 있습니다.

MIND 식단을 한국 식생활에 맞추기

① 한국 전통 식단의 강점인 다양한 채소 반찬, 잡곡밥, 콩과 두부, 생선의 섭취는 그대로 유지하세요.
② 베리류와 견과류 섭취는 부족한 경우가 많으니 간식으로 챙겨 먹고 요리에도 다양하게 활용하세요.
③ 쇠고기와 돼지고기 등의 붉은 고기, 나트륨 섭취는 줄이세요.
④ 가장 중요한 것! 급진적인 변화보다는 점진적인 접근을 통해 지속 가능한 식습관으로 발전시키세요.

특히, 재료 선택이 중요해요!

재료를 선택할 때
매일 밥상에 통.채.단.견.베.올 올리기

맛을 낼 때
덜.단.덜.짠으로 맛내는 꿀팁 알기

조리할 때
소화가 잘 되도록 데치거나 찜으로 요리하기

식사할 때
혈당 스파이크 줄이는 거꾸로 식사법 실천하기

Guide Part 3

매일 밥상에 통.채.단.견.베.올 올리기

MIND 식단은 다른 건강 식사법에 비해 까다롭지 않습니다.
38쪽에서 소개한 것처럼 다양한 재료들을 추천 횟수대로 먹으면 됩니다.
이들 중 특히 매일 먹으면 좋은 재료로 '통.채.단.견.베.올'을 꼭 기억하세요.
장 볼 때, 식단 짤 때, 요리할 때 쉽게 기억할 수 있어 실천에 도움이 될 겁니다.

통곡류

- 한국의 잡곡밥(현미, 보리, 조, 수수 등 혼합) 문화는 MIND 식단의 통곡물 권장과 완벽히 일치합니다.
- 한국인은 보통 하루에 최소 2회 정도 밥을 먹는데, 주 3회 이상은 통곡류를 섭취하세요.

이 식품을 먹어요	이렇게 자주 먹어요	1회에 이 정도 분량을 먹어요
현미밥, 잡곡밥	주 3회 이상	밥은 2/3공기(140g) 정도 (계량컵이나 종이컵 1컵)
현미국수, 잡곡빵 등		국수는 50~70g 정도 빵은 2쪽 정도

채소

- MIND 식단에서 특히 강조하는 것은 녹색 채소입니다. 녹색 잎채소에는 비타민K, 엽산, 베타카로틴 등이 많이 들어있어요.
- 한국인의 식단에는 시금치, 상추, 깻잎, 미나리, 쑥갓, 고춧잎 등 다양한 녹색 채소가 풍부하게 포함되어 있어요. 특히 나물 문화는 MIND 식단의 녹색 잎채소 권장 사항을 쉽게 충족시킬 수 있답니다.
- 김치를 비롯한 다양한 채소 반찬은 한국 식단의 특징으로, MIND 식단의 다양한 채소 섭취 권장과 잘 맞습니다.

이 식품을 먹어요	이렇게 자주 먹어요	1회에 이 정도 분량을 먹어요
녹색 채소 시금치, 브로콜리, 파프리카, 고추, 쑥, 케일, 취나물 등	매일 1회 이상 (매끼 추천)	생것은 2컵 정도 익힌 것, 조리한 것은 2/3컵 정도
녹색 외 채소 양배추, 당근, 호박, 가지, 양파, 버섯 등	매일 1회 이상	

Guide Part 3

단백질

- **생선류** 세 면이 모두 바다로 둘러싸인 나라에 사는 한국인은 전통적으로 다양한 생선을 섭취해왔습니다. 조기나 갈치 등의 담백한 흰살 생선과 함께 뇌 세포를 활성화시키는 EPA와 DHA 등이 풍부해 치매 예방에 도움되는 고등어, 꽁치, 삼치 등의 등푸른 생선도 즐겨 먹기 때문에 주 1회 이상의 섭취가 결코 어렵지 않습니다.
- **닭과 오리** 흰색 육류로 불리는 닭과 오리 등의 가금류는 심장과 뇌 건강에 도움이 되는 식재료이니 섭취를 권합니다.
- **식물성 단백질** 두부, 콩나물, 청국장, 된장 등 다양한 콩 제품은 한국 식단의 중요한 부분으로, MIND 식단에서 두류(콩, 두부, 팥 등)를 주 3회 이상 먹어야 하는 콩류 권장을 쉽게 충족시킬 수 있습니다.

이 식품을 먹어요	이렇게 자주 먹어요	1회에 이 정도 분량을 먹어요
튀기지 않은 생선	주 1회 이상	1토막(70~100g 정도)
닭과 오리(가금류)	주 2회 이상	1덩어리(70~100g 정도)
콩과 두부	주 3회 이상	콩 1/2컵 정도(익힌 것) 두부 1/3모 정도(100g)

견과류

- 견과류는 간식으로 섭취하는 경우가 많은데, 반찬이나 드레싱 등에도 다양하게 활용하세요.
- 견과류에는 건강한 지방인 불포화지방이 풍부한데요, 이 성분은 혈압과 나쁜 콜레스테롤(LDL 콜레스테롤) 수치를 낮추는 데 도움을 줍니다.
- 견과 중에서는 특히 호두와 아몬드, 브라질너트를 추천해요.
- 호두는 오메가3 지방산을 풍부해 신경 전달을 원활히 하고, 기억력과 집중력을 향상시키는 역할을 합니다. 뇌 신경을 안정시키는 칼슘과 비타민B군도 풍부해요.
- 아몬드는 비타민E가 풍부해 뇌 세포를 보호하고, 노화로 인한 인지 기능 저하 예방에 도움이 됩니다.
- 브라질너트에는 항산화 영양소로 뇌 건강에 도움을 주는 셀레늄이 풍부합니다.

이 식품을 먹어요	이렇게 자주 먹어요	1회에 이 정도 분량을 먹어요
호두, 아몬드, 브라질너트, 피칸, 캐슈넛, 잣, 땅콩	주 5회 이상	한 줌(1/3컵 정도) 호두나 아몬드는 열량이 높아 10~12개 정도

베리류

- 뇌 신경 건강에 도움을 주는 폴리페놀류가 풍부한 베리류는 전통적인 한국 식단에 흔히 포함되지 않았습니다.
- 최근에는 다양한 유통과정을 통해 섭취가 많이 쉬워졌으며, 냉동과일도 쉽게 구매할 수 있어 1년 내내 꾸준히 섭취할 수 있습니다.

이 식품을 먹어요	이렇게 자주 먹어요	1회에 이 정도 분량을 먹어요
베리류(블루베리, 아사히베리, 블랙베리, 딸기 등)	주 2회 이상	1/2컵 정도

올리브유

- 올리브유는 마인드 식사법에서 특히 중요하게 생각하는 건강 재료입니다. 이 기름의 풍부한 단일 불포화지방은 염증을 줄이고 혈관 건강에 도움을 줍니다.
- 한국 전통 조리에는 참기름, 들기름 등이 주로 사용되어 왔고, 올리브유는 특유의 향이 있어 주 요리유로 많이 쓰이지는 않았습니다.
- 최근 식습관의 변화로 파스타나 샐러드를 집에서 즐기면서 올리브유에 친숙해지고 있어 일상의 식용유로도 활용하는 이들이 늘어나고 있습니다.

이 식품을 먹어요	이렇게 자주 먹어요	1회에 이 정도 분량을 먹어요
올리브유	주 요리유로 매일 활용하기	1~2큰술 정도

* 올리브유 활용법과 고르는 법은 58쪽을 참고하세요. 올리브유는 고온에서 길게 조리하면 탈 수 있으니 요리에 따라 중간 불이나 중강 불로 맞춰 요리하세요.

> 이 재료는 많이 먹지 마세요!

붉은 고기 현대 한국인은 곡류 소비가 급속히 감소하는 반면 육류 소비는 증가 추세에 있어요. 특히 구이 문화(삼겹살, 갈비 등)는 친목의 도구로도 인기라 이를 제한하는 것은 한계가 있겠지만 주 1~2회 정도로 줄이는 것을 추천해요.

나트륨 함량 높은 발효식품 김치, 장류, 젓갈 등은 전통적으로 건강에 좋은 발효식품이지만 나트륨 함량이 높아 MIND 식사법 원칙과 일부 상충될 수 있어요. 최소로 사용해 요리할 것을 권해요.

Guide Part 3

맛을 낼 때

덜.짠.덜.단. 양념하기

MIND 식사법은 지중해식과 DASH식을 조합한 것이라고 36쪽에 설명했는데요, DASH 식단이란 고혈압 및 심혈관 질환에 도움이 되는 건강 식사법으로 핵심은 나트륨을 줄이는 것이에요. 또한 뇌 건강에는 혈당 관리도 중요하니 덜 짜고, 덜 달면서도 맛있게 요리하는 습관을 키워보세요.

국물음식은 멀리하세요

- 혈관 건강을 위해 나트륨을 줄여야 하는데, 가장 쉬운 방법은 국이나 찌개 등의 국물음식을 줄이는 것이에요.
- 국물요리의 간을 맛있다고 느낄 만큼 맞추다보면 생각보다 상당한 분량의 소금이 들어갈 수밖에 없어요.
- 국이나 찌개 대신 물을 넉넉히 넣어 슴슴하게 만든 달걀찜이나 연두부 등을 더하면 나트륨은 줄이면서 단백질까지 섭취할 수 있어 좋아요.
- 불가피하게 국물요리를 먹게 된다면, 가급적 건더기만 먹고 국물은 남기세요.

이 책에서도 국물요리는 다루지 않았어요!

소금은 최소로, 소금 대신 간장을 추가하세요

- 소금은 나트륨 비율이 높기 때문에 최소로 넣거나 빼고, 대신 짠맛과 감칠맛을 함께 갖고 있는 간장 등과 같은 양념을 활용하는 것을 추천해요.
- 소금 1스푼(약 6g)의 나트륨 함량은 약 2,400mg지만, 간장 1스푼(약 15g)은 일반적으로 약 900~1,000mg 정도(간장 종류에 따라 약간 다름) 입니다. 같은 부피라도 간장의 나트륨이 훨씬 적다는 것이죠. 이렇듯 나트륨 함량이 높은 소금을 최소로 쓰는 것만으로도 나트륨을 줄이는 데 도움이 됩니다.
- 저염 간장이나 저염 된장을 선택하는 방법도 있습니다.

소금 1g의 나트륨량, 다른 양념의 몇 그램과 같을까?

소금 1g =
- 양조간장 6.7g
- 국간장 5.5g
- 된장 9.0g
- 고추장 12.1g
- 쌈장 12.2g
- 청국장 18.0g
- 굴소스 9.1g
- 참치액 4g
- 토마토케첩 30.3g
- 마요네즈 87.9g
- 가염버터 54.2g

*참고 자료 : 한국건강증진개발원

* 양조간장은 6개월 이상 자연 숙성한 간장으로, 이 책에서 가장 많이 사용했는데, 진간장으로 대체해도 돼요.

정제당은 No! 원당, 올리고당, 메이플시럽을 추천해요

- 설탕 섭취가 많으면 혈당이 자주 높아지고, 인슐린 저항성이 생기며, 이는 뇌 기능 저하와 뇌 신경세포 손상으로 이어질 수 있어요.
- 특히, 인슐린 저항성은 뇌에서의 인슐린 신호 전달을 방해해 인지 기능 장애와 치매 발생에 직접적으로 영향을 줄 수 있습니다.
- 정제된 백설탕을 쓰는 것은 최대한 피하세요. 단맛을 위해서는 원당(비정제 설탕)이나 올리고당, 메이플시럽 정도를 최소로 쓸 것을 권합니다.
- 설탕의 혈당지수는 약 65로 높은 편이지만, 메이플시럽은 54로 더 낮아 혈당을 천천히 올려요. 원당은 정제 설탕에 비해 미네랄이 남아 있는 장점이 있고, 올리고당은 다당류라 설탕보다 혈당이 천천히 오르고, 장내 유산균의 먹이도 되는 이점이 있어요. 단, 원당과 메이플시럽도 단당류인 만큼 과량 섭취하지는 마세요.
- 요리에서 당을 줄이는 가장 좋은 방법은 당은 최소로 넣고 단맛이 나는 채소를 활용하는 것입니다. 대표적인 것이 양파죠. 채 썰어 찬물에 담가 매운맛을 뺀 후 생으로 더하거나, 충분히 볶아 단맛을 내서 요리에 넣으면 자연스럽게 당류 양념을 줄일 수 있습니다.

단맛과 짠맛을 줄여도 맛있게 요리하는 꿀팁

- **자연의 감칠맛 활용하기**
  표고버섯, 다시마, 멸치, 양파, 마늘, 대파, 토마토, 당근 등은 천연의 감칠맛을 갖고 있는 재료예요. 적극적으로 사용하면 소금과 설탕을 줄여도 부족하지 않은 맛을 즐길 수 있습니다. 된장, 식초 등 맛이 강한 발효 식품도 풍미를 강화해 나트륨 사용량을 줄이는 데 도움이 됩니다.
- **허브와 향신료 적극 활용하기**
  파슬리, 바질, 오레가노, 타임, 로즈마리, 고수, 커민, 강황, 후추, 파프리카 가루 등 다양한 허브와 향신료를 사용하면 소금과 설탕 없이도 요리에 풍부한 향과 맛을 더할 수 있습니다.
- **신맛과 산미 활용하기**
  레몬즙, 천연식초, 애플사이다비네거(애사비) 등 산미를 활용하면 단맛과 짠맛이 부족해도 맛의 균형을 잡을 수 있습니다.

  * 사과를 천연 발효한 '애플사이다비네거'는 혈당이 급격히 오르는 것을 방해해 1석 2조의 건강 효과가 있어요. 이 책에서 기본 식초로 사용했는데, 발사믹식초나 감식초 등 천연식초로 대체해도 돼요.
- **재료 본연의 맛 살리기**
  신선한 채소와 통곡물 등 재료 자체의 맛을 최대한 끌어내는 조리법 (찜, 구이, 샐러드 등)을 활용하면 소금과 설탕 없이도 만족스러운 맛을 낼 수 있습니다.

Guide Part 3

소화 흡수가 잘 되는 조리법으로 요리하기

30~33쪽에 소개한 꼭 챙겨야 하는 영양소가 듬뿍 든 재료라고 해도 우리 몸이 잘 소화, 흡수하지 못한다면 효과는 떨어질 수밖에 없습니다.

나이가 들어감에 따라 위장 운동은 느려지고 소화 효소 분비가 감소해 소화 기능이 떨어지는 것은 어쩔 수 없는 일이에요. 그래서 부드럽고 소화가 잘 되는 조리법을 선택하는 것이 중요합니다. 이는 소화불량, 속 쓰림, 장 트러블을 예방하고, 전반적인 소화 건강을 개선시킬 수 있습니다.

작게 썰고, 순하게 양념하고, 충분히 익히세요

- 재료를 너무 크게 썰기보다는 잘게 썰어 조리하면 소화 부담을 줄일 수 있어요.
- 볶거나 튀길 때 쓰는 기름과 맵고 짠 자극적인 양념을 최소화하면 위 점막을 보호하는 데 도움이 돼요.
- 볶는 조리법에서 기름이 부족해 잘 볶아지지 않으면 기름을 자꾸 더하기보다 물을 조금 더해 볶는 방법을 활용하세요.
- 충분히 익힌 음식은 소화 효소의 작용을 돕고, 장내 가스 생성을 줄여 속이 편안해질 수 있어요.

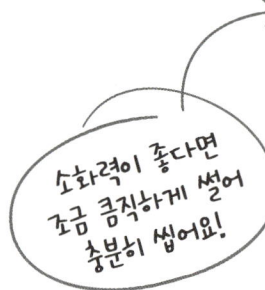

이런 조리법과 음식이 소화가 잘돼요

- **삶기, 찌기, 데치기**
  채소나 고기, 생선을 기름에 볶거나 튀기는 방법, 직화로 굽는 것보다는 찌거나 삶으면 조직이 부드러워지고 소화가 쉬워집니다.
  달걀프라이보다 달걀찜, 무생채보다 무나물, 가자미구이보다 가자미 미역국, 장어구이보다 추어탕 등이 소화가 훨씬 더 잘되지요.
- **수육이나 샤부샤부**
  고기나 생선을 얇게 썰어 끓는 물에 살짝 익혀 먹는 샤부샤부나, 기름기를 제거한 고기를 푹 삶아 먹는 수육도 소화가 잘되지 않는 육류를 속 편하게, 건강하게 먹는 조리법이랍니다.
- **죽이나 수프**
  곡류나 채소, 단백질 식품을 곱게 갈거나 으깨서 죽이나 수프로 만들면 소화기관에 부담이 적고 흡수가 용이합니다.

비타민 파괴를 최소화하는 두 가지 방법도 추천해요

채소를 긴 시간 끓이거나 삶으면 수용성 비타민이 물에 녹아 손실되기 쉽고, 고온에서 볶거나 튀기면 지용성 비타민을 파괴할 수 있어요.
뇌 건강에 비타민이 중요한 역할을 하는 만큼 이 두 가지 영양소를 사수하기 위해선 찜과 전자레인지로 짧게 조리하는 것도 좋은 방법이에요.

- **찜 조리**
  채소를 물에 직접 담그지 않고 증기로 익히기 때문에 수용성 비타민(특히 비타민C, 비타민B군)의 손실을 최소화할 수 있어요. 실제로 브로콜리, 시금치 등 대부분의 채소는 3~7분 정도 쪄서 조리할 때 영양소 보존 효과가 가장 높습니다.
- **전자레인지 조리**
  물을 거의 사용하지 않고 짧은 시간에 조리하기 때문에 열과 물에 약한 영양소 파괴를 줄일 수 있어요. 전자레인지용 용기에 소량의 물만 넣고 2~4분간 조리하면 비타민 손실이 적습니다.

Guide Part 3

식사할 때

뇌 건강에 좋은 식사 순서 지키기

뇌는 포도당(혈당)을 에너지원으로 사용합니다. 그런데 식후 혈당이 급격히 상승했다가 빠르게 하락하는 현상인 '혈당 스파이크'가 생기면 뇌에 일시적인 에너지 부족 상태가 생겨요. 이는 집중력 저하와 피로감을 유발할 수 있습니다.

이러한 변화는 우리 몸에 스트레스와 만성염증을 주고 장기적으로 지속된다면 당뇨병, 심혈관 질환, 가속노화는 물론 뇌 건강에도 악영향을 미칩니다. 기억력, 학습 능력 등도 떨어지게 되죠.

특히 혈당 조절이 잘 안되면, 알츠하이머병의 위험이 증가할 수 있습니다. 실제로 알츠하이머병은 '제3형 당뇨병'으로도 불릴 정도로, 뇌와 혈당은 밀접한 관련이 있습니다.

혈당 스파이크를 줄이는 거꾸로 식사법을 실천하세요

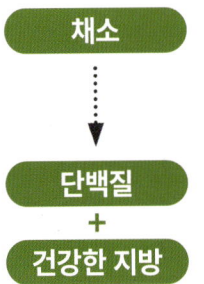

채소 — 식이섬유가 풍부한 채소를 먼저 먹으면 혈당 흡수 속도를 늦추고 인슐린 분비 부담을 줄일 수 있어요.

단백질 + 건강한 지방 — 단백질과 지방은 위 배출 속도를 늦춰 혈당이 서서히 오르도록 돕습니다. 달걀, 두부, 생선 등이 포함돼요.

탄수화물 — 밥, 빵, 면류 같은 탄수화물을 식사의 마지막에 먹으면 혈당 급상승을 방지할 수 있어요.

한식에서도 얼마든지 가능해요!

한식에서도 거꾸로 식사법 실천하기

싱겁게 간이 된 나물이나 생 채소, 쌈 채소, 샐러드 등을 일부만 먼저 먹어요. 그런 다음 고기나 생선, 두부를 일부만 먼저 먹어요. 마지막으로 밥과 함께 남은 채소 반찬, 단백질 반찬 등을 먹으면 혈당 스파이크를 줄일 수 있어요.

혈당 관리를 위해 그밖에 신경 써야 할 것들

① **무엇보다! 정제 탄수화물 줄이기** 흰쌀, 흰빵보다는 현미, 통밀빵, 호밀빵처럼 통곡물을 선택하세요.

② **규칙적으로 식사하기** 잦은 결식과 폭식은 혈당 관리에 좋지 않은 영향을 줄 수 있습니다. 가장 좋은 식사는 아침 / 점심 / 저녁을 적절한 간격으로 적당한 양을 먹는 겁니다.

③ **식후 가벼운 운동하기** 밥 먹고 바로 움직이는 것이 좋지 않다고 생각하는 분들도 있는데요, 절대 아니랍니다. 식후 10~15분 정도 걷기만 해도 혈당 조절에 도움이 됩니다.

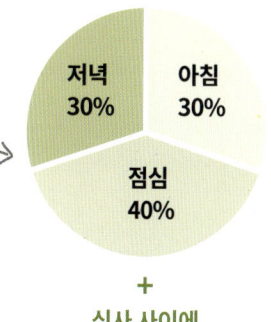

저녁 30%
아침 30%
점심 40%
+
식사 사이에
간식(견과류나 베리류)
소량 섭취

간헐적 단식이 뇌 건강에 도움이 되나요?

뇌 건강과 관련해 식사시간에 대한 특별한 방법은 과학적으로 검증이 되지 않았어요.
최근 간헐적 단식(일정 시간 동안 음식을 섭취하지 않고 공복을 유지하는 방법)이 유행인데요, 이 식사법이 뇌 건강에 미치는 영향에 대한 연구는 긍정적인 효과와 부정적인 효과를 모두 제시하고 있습니다.

긍정적이라는 이유

1. **신경 보호 효과**
   간헐적 단식은 뇌에서 BDNF(뇌유래 신경영양인자) 분비를 증가시켜 신경세포 생존과 성장에 긍정적인 영향을 미칩니다. 이는 학습 능력과 기억력을 향상시키고, 알츠하이머병 및 파킨슨병과 같은 신경퇴행성 질환 예방에 기여할 수 있습니다.

2. **산화 스트레스 감소 및 염증 완화**
   단식은 자가포식(autophagy) 과정을 활성화하여 손상된 세포를 제거하고 뇌 건강을 개선하는 데 도움이 됩니다. 염증 반응을 줄여 신경세포 보호에도 기여할 수 있어요.

3. **대사 전환을 통한 에너지 공급 최적화**
   간헐적 단식은 케톤체 생성을 촉진하여 뇌의 에너지원으로 활용하며, 이는 인지 기능 향상과 신경 보호 효과를 가져올 수 있습니다.

부정적이라는 이유

1. **저혈당으로 인한 인지 기능 저하**
   단식 중 혈당이 낮아지면 뇌로 공급되는 포도당이 부족해져 집중력 저하, 피로감, 두통 등의 증상이 나타날 수 있습니다.

2. **스트레스 반응 증가**
   일부 연구에서는 간헐적 단식이 코르티솔 (스트레스 호르몬) 분비를 증가시켜 불안감과 우울감을 유발할 수 있다고 보고합니다.

3. **장기적인 신경 손상 가능성**
   지속적인 단식이 신경세포의 에너지 공급을 불안정하게 만들어 장기적으로 신경 손상을 초래할 가능성이 있다는 연구도 있습니다.

Guide Part 3

이 책을 활용해 한국형 MIND 식단 짜기

1 먼저! 통.채.단.견.베.올에서 추천하는 식재료를 확인하세요.

MIND 식사법에서 조금 더 자주 먹으라고 추천하는 재료들	통 통곡물, 전곡류	채 채소류, 버섯류, 해조류
1	현미(멥쌀), 보리(겉보리), 귀리(오트밀), 아마란스	녹색 채소 (시금치, 케일, 상추, 깻잎, 청경채, 쑥, 머위, 취나물, 곤드레, 고춧잎, 시래기 등)
2	현미(찹쌀), 보리(쌀보리), 귀리(쌀귀리), 수수(찰수수), 조(메조), 메밀, 퀴노아, 파로, 돼지감자(말린 것), 통밀 또띠야, 호밀빵, 백미(멥쌀)	컬러 채소 (가지, 파프리카, 비트 등), 버섯류 (석이버섯, 표고버섯, 양송이버섯 등)
3	율무, 기장(찰기장), 메밀국수, 토란	해조류 (톳, 미역, 파래, 곰피, 다시마, 매생이 등)
4	–	오이, 무, 마, 당근, 감자, 고구마, 호박, 단호박, 마늘, 고추, 파
5	–	–
6	–	–
추천 조리법	밥 짓기, 삶아서 샐러드 토핑	생, 데침, 볶음, 무침

골고루 먹되, 우선 순위가 높은 재료를 더 즐겨 먹어요!

*각 식품군별 재료의 순서는 저자 박유경 교수팀이 영양 분석을 통해, 뇌 건강과 MIND 식사 지침에 조금 더 이점이 큰 것부터 나열한 것입니다. 참고해 재료를 선택하되, 지나치게 편중되는 것은 좋지 않으니 횟수를 조절해 다양하게 먹을 것을 권합니다.

단 콩류, 가금류, 어류 등	견 아몬드, 호두	베 과일, 블루베리	올 올리브유 & 그 외 기름
콩, 두부, 연두부, 순두부 등	호두	블루베리 등 베리류	올리브유
닭고기, 오리고기	아몬드	복분자, 석류, 포도	들기름
고등어, 은어, 꽁치, 방어, 멸치, 전갱이, 삼치, 돔, 정어리, 참치, 새우	피스타치오, 호박씨, 해바라기씨, 마카다미아, 잣, 브라질너트, 땅콩	토마토, 방울토마토	아보카도유, 참기름
연어, 청어, 명태, 대구, 임연수, 오징어, 조기, 광어, 낙지, 주꾸미, 문어, 꽃게, 가자미	은행, 밤, 도토리, 연씨	살구, 레몬, 키위	해바라기유
달걀	-	단감, 연시, 복숭아, 사과, 유자, 참외, 파인애플, 멜론, 파파야, 수박	포도씨유
쇠고기, 돼지고기, 양고기	-	-	-
생, 찌개, 구이, 볶기	생, 샐러드 토핑, 드레싱	생, 갈기, 푸딩	드레싱, 무치기, 구이

Guide Part 3

2 식단 구성하기

밥과 반찬의 한식으로 구성한다면?

밥 (92~95쪽)
잡곡밥이나 MIND 밥으로 약 2/3공기(계량컵이나 종이컵 1컵 정도)를 준비해요. 과도한 탄수화물 섭취를 방지하고 전반적인 식사량을 조절하기 위해 분량을 맞춰 먹어요.

+

MIND 만능템 1~2가지 (68~91쪽)
올리브쌈장, 견과쌈장 등 MIND 식단에서 중요하게 생각하는 재료를 활용해 만든 것들로, 넉넉히 만들어 쌈채소나 채소스틱과 함께 매끼 식탁에 올려요.

+

채소 & 버섯 반찬 2가지 (103~129쪽)
채소 & 버섯 반찬에서 2가지를 골라요.
분량은 각각 1컵(종이컵이나 계량컵 1컵 정도 부피)으로 넉넉히 담아요. 가급적 재료, 맛, 조리법이 서로 다른 반찬을 고르는 것이 좋아요.

+

단백질 반찬 1~2가지 (130~187쪽)
식물성 단백질과 동물성 단백질 반찬을 조화롭게 식단에 배치해요. 분량은 각각 1컵(종이컵이나 계량컵 1컵 정도)으로 넉넉히 담아요.

- 두부 & 콩 반찬(130~147쪽) / 주 3회 이상
- 닭 & 오리 반찬(148~167쪽) / 주 2회 이상
- 생선 & 해산물 반찬(168~187쪽) / 주 1회 이상

*돼지고기나 쇠고기로 만든 반찬은 기름기 적은 부위로 주 1~2회 정도 먹어요.

국물
국물을 곁들이고 싶다면 이렇게 하세요
나트륨 섭취가 늘어나기 때문에 먹지 않는 것을 추천해요. 국물이 꼭 필요하다면, 촉촉하고 슴슴한 달걀찜이나 연두부, 누룽지 끓인 물 등을 곁들이세요.

Guide Part 3

바쁜 아침, 초간단 ⓂⒾⓃⒹ 아 침 식 사 는 이렇게!

- 간단한 식사에도 단백질은 필수예요.
  손쉽게 즐길 수 있는 그릭요거트, 달걀, 두부,
  낫또 등으로 섭취하면 좋습니다.

간단하게 한 그 릇 으로 준비한다면?

- **식사 샐러드**
  설탕, 소금 함량이 높은 일반 드레싱을
  넣지 않거나 최소로만 쓰고
  라페나 채소 오일절임을 샐러드 채소에
  곁들여서 먹어요.

- **한그릇 밥**
  흰쌀밥 대신 통곡물이나 콩류, 곤약, 채소 등을
  넣은 밥을 보통 먹는 것보다 2/3로 적게 담고,
  매일 먹어야 하는 단백질, 채소 등을 듬뿍 곁들여
  요리해요.

- **한그릇 면**
  밀가루 면보다는 메밀면, 두부면, 통밀 파스타를 활용해 포만감을 높이고 식이섬유를 좀 더 섭취할 수 있도록 해요.

- **샌드위치**
  빵을 고를 때는 통곡물로 만든 것을 선택해요. 빵 한 장만으로 만들 수 있는 오픈 샌드위치는 탄수화물 섭취를 줄일 수 있어 추천해요. 병아리콩, 채소, 올리브유 등을 갈아 만든 후무스나 바질페스토를 스프레드로 활용하고 라페나 채소 오일절임을 곁들여 만들어도 좋아요.

당과 칼로리 부담 없는 간식 은 이렇게!

- 식사 후 입이 심심할 때는 당 함량이 높은 과일보다는 토마토, 오이, 당근, 콜라비 등 식감이 좋은 생채소로 대체하면 좋아요.
- 시판 간식을 구입할 때는 저당 제품을 고르고, 유제품은 당이 들어가지 않은 그릭요거트로, 치즈는 염도가 높은 숙성치즈보다는 염도가 낮은 소프트한 생치즈(생모짜렐라, 리코타 등)를 선택하세요.
- 견과류는 한 줌, 과일과 저지방 우유는 각각 1컵씩 섭취할 것을 권장합니다. 견과류는 지방 함량이 높아 과도한 열량 섭취에 주의해야 하며, 가염이 된 견과류는 피하세요. 과일은 과당 섭취를 조절할 필요가 있습니다.
- 디저트나 간단한 베이킹을 할 때는 밀가루를 최소로 넣거나 생략하고, 대신 아몬드가루나 코코넛가루로 대체하세요. 단맛을 내는 당류는 양을 최소로 넣어 만들어요.

Q&A

영양과 요리부터 생활습관까지, 궁금한 것들에 대한 질문과 답변

MIND 식단을 따라하기 위해 올리브유를 사려고 했더니, 종류가 너무 많아요. 어떤 제품을 고르는 것이 좋을까요? 보관도 중요하다는데, 무엇을 신경 써야 할까요?

올리브유는 추출 방식, 산도, 가공에 따라 5가지로 나누는데요, 이 중 '엑스트라 버진'과 '버진'이 비정제로 만든 자연 그대로의 오일이라, MIND 식단에서 사용하기 적합합니다. 단, 두 가지 오일은 발연점이 190℃ 이하인 만큼 오일을 많이 써서 고온에서 장시간 하는 요리에는 적합하지 않아요. 가정의 화구는 대부분 200℃가 넘지 않으니, 중간 불이나 중강 불에서 단시간에 끝내는 볶음요리 정도는 괜찮습니다.

① **엑스트라 버진(extra virgin)** 냉압착 방식으로 만들어 산도가 낮고 풍미가 좋아요. 발연점이 160~190℃로 주로 샐러드 드레싱이나 생식용으로 활용해요.

② **버진(virgin)** 엑스트라 버진보다 산도가 약간 높은 편이에요. 발연점이 약 190℃로 중강 불에서 하는 볶음요리에도 적합해요.

③ **퓨어(pure)** 버진 올리브유와 화학적인 정제를 거친 정제유를 혼합한 것으로 풍미가 약한 편이에요. 정제유가 들어있어 발연점이 200℃나 되어 튀김이나 부침 등 고온 조리에 활용해도 돼요.

④ **라이트 테이스트(light taste)** 화학적인 정제를 거친 정제유로 무향무색의 올리브유예요. 발연점은 더 높은 230~240℃ 예요.

⑤ **포마스(pomace)** 올리브 찌꺼기에서 화학 추출한 것으로 풍미도 없고 영양가도 낮아 가정에서 사용하는 것을 추천하지 않아요. 발연점은 가장 높은 240~260℃ 예요.

올리브유는 산패될 수 있어 보관을 잘 해야 해요. 그렇다고 냉장고에 넣어두면 굳기도 하고 품질도 떨어질 수 있으니 14~21℃ 정도의 서늘하고 어두운 실내에 보관하세요. 가장 중요한 것! 산소 노출을 피하기 위해 사용하자마자 뚜껑을 바로 꼭 닫아주세요.

**MIND 식단에서 통곡물을 추천해 현미밥을 먹기 시작했어요.
근데 현미밥이 입에 맞지 않고, 속도 편하질 않네요.
현미를 맛있게, 소화가 잘 되게 먹으려면 어떻게 해야 할까요?
조금 더 속이 편안한 추천 통곡물이 있을까요?**

백미밥만 먹다가 갑자기 100% 현미밥을 먹으면
누구나 그럴 수 있어요. 가장 좋은 방법은
백미와 현미의 혼합 비율을 점점 높이면서
적응해나가는 겁니다.
처음에는 7:3 정도 비율(백미가 현미의 2배 정도)로
시작해 서서히 비율을 높여보세요. 너무 급하게
늘리기보다 1~2주마다 조금씩 늘리는 것을 추천해요.
현미 중에서도 조금 더 찰기가 있어 먹기 편한
찰현미를 섞어도 돼요.
또한 밥을 지을 때 현미를 충분히 불리세요.
보통 흰쌀이 30분 정도 불려 밥을 하는데,
현미는 1~2시간 정도 불리는 것을 추천해요.
현미가 잘 맞지 않다면 다른 통곡물을 섞어 밥을
해도 됩니다. 52쪽에 MIND 식사법에서 특히
추천하는 통곡물을 소개했으니 참고하세요.

**달걀 노른자가 뇌 건강에 좋다고 해서
매일 먹으라고 하는데요,
콜레스테롤이 많다고도 해서 얼마나
어떻게 먹어야 할지 고민입니다.**

달걀 1개의 노른자에 콜레스테롤이
200~300mg 정도 들어있다보니 예전에는
콜레스테롤을 높인다고 먹지 말라고도
했었는데요, 미국심장학회가 음식을 통한
콜레스테롤 섭취가 혈중 콜레스테롤 수치를
증가시킨다는 증거가 충분하지 않다고
발표한 바 있답니다(2013년).
그래서 최신 연구 결과에 따르면 혈중
콜레스테롤 수준에 문제가 없는 경우,
1주일에 7~8개 섭취해도 됩니다.
다만, 당뇨병 환자나, 혈중 콜레스테롤을
관리해야 하는 경우에는 주의가 필요하므로
1주일에 3개 이내로 섭취하는 것이 좋습니다.

Guide Part 1

**Q MIND 식단에서 추천하는 과일인 블루베리는
생물, 냉동, 말린 것 상관이 없나요?**

블루베리는 말린 것보다 생물이나 냉동이 포만감도 높고, 당 함량도 낮아 추천해요.
특히 냉동 블루베리의 경우, 영양소 측면에서 생것과 거의 차이가 없답니다.
다양한 냉동 베리는 구하기도 쉬우니, 냉동실에 구비했다가 그릭요거트에 곁들여
먹거나 샐러드에 토핑으로 뿌려 먹으면 좋습니다. 단, 건조 블루베리는
건조 과정에서 수분이 날아가면서 당 함량이 상대적으로 높아지고 설탕을 추가한
제품도 많으니, 건조하지 않는 베리 섭취를 권합니다.

**Q 인도가 치매 발병이 적은 이유가 카레에 들어가는 강황 때문이라고
들었어요. 그래서 시판 카레가루를 요리에 활용해볼까 하는데,
염도가 높고 첨가물이 많다고들 하네요. 어떻게 섭취하면 좋을까요?**

카레에 들어가는 향신료 중 하나인 강황의 커큐민(curcumin) 성분은 노화
억제와 치매 예방에 도움이 된다고 알려져 있고, 연구 결과도 많이 나와 있어요.
그래서 뇌 건강을 위해 적절히 먹으면 좋은데요, 시판 인스턴트 카레가루에는
강황과 함께 다른 첨가물이 다량 포함되어 있습니다. 무엇보다 염도가 높은 것이
문제이지요.

그래서 요리할 때는 시판 카레가루보다 가급적 원재료인 '강황가루'를
활용할 것을 권합니다. 단, 강황가루는 많이 들어가면 맛이 너무 강하고
낯설어지니, 조금씩 추가해야 해요. 밥을 할 때, 조림을 할 때,
전 반죽을 만들 때 소량씩 추가해 후춧가루처럼 활용해보세요.
시판 카레가루를 써야 한다면, 가급적 강황이 많이 들어있고
첨가물이 적은 것을 고르세요. 또한 시판 카레가루의 자체 간이
있으니 짠맛 양념은 최소로 넣으세요. 카레가루로 카레를 끓일
때는 물의 양을 조금 더 늘리고, 체내 나트륨 배출을 돕는 칼륨이
풍부한 양송이버섯, 토마토, 감자, 양파 등을 넉넉히 더해 만드세요.

Q 레드와인이 혈관 건강에 도움이 된다고 들었어요. 그래도 과음은 좋지 않을 것 같은데, 어떤 레드와인을 고르면 되는지 또 얼마나 마시면 도움이 될까요?

레드와인에는 강력한 항산화 작용으로 혈중 콜레스테롤을 낮추는 '레스베라트롤(resveratrol, 폴레페놀 일종)'이라는 성분이 풍부하기 때문에 적정량을 즐긴다면 혈관 건강에 도움을 받을 수 있다고 알려져 있어요. 프랑스인들이 와인을 즐겨 마시지만, 심혈관 질환에 걸릴 확률이 낮아 프렌치 패러독스(French paradox, 프랑스의 역설)란 말이 있을 정도죠. 참고로 화이트와인이나 포도주스에는 레스베라트롤이 들어있지 않아요.
그래서 MIND 식사법에서도 술을 마신다면, 레드와인을 1잔 정도 마실 것을 권합니다. 이때 와인의 표준 1잔의 양은 150~300ml(보통 여성은 150ml, 남성은 300ml) 정도예요. 와인을 고를 때는 당이 첨가되어 있거나, 너무 단맛이 강한 것보다는 드라이한 풍미의 와인을 고를 것을 권합니다.

쩐내 나기 쉬운 견과류의 보관 요령을 알려주세요. 요리에 견과류를 적절히 활용하는 팁도 알려주세요.

견과류의 불포화지방은 몸에 좋지만, 공기 중 산소와 만나 산패가 되면 쩐내가 나고 오히려 건강에 좋지 않아요. 가장 좋은 건 신선한 견과류를 사서 빨리 먹는 것이랍니다. 그러니 한번에 많은 양을 사지 말고 1~2주내 소진할 수 있도록 적당량 구매해 밀폐용기에 담아 냉장고 안쪽 어두운 곳에 보관하세요. 개별 포장되어 있는 한줌 견과도 좋아요. 혹 견과류에서 쩐내가 심하게 나거나, 이상한 냄새가 나면 상한 것이니까 아까워도 과감히 버리세요.
견과류를 요리에 쓸 때는 기름을 두르지 않은 팬에 약한 불로 살짝 구워 활용하세요. 특유의 냄새도 없어지고, 수분이 날아가 더 아삭하면서 고소해요. 보통 견과류는 토핑으로 많이 뿌리는데, 이때는 먹기 직전에 더하는 것을 추천해요. 미리 뿌리면 음식의 수분이 견과류에 스며 식감이 떨어지기 때문이에요. 소스나 양념에 더할 때는 잘 어우러지도록 곱게 다져서 넣으세요.

Guide Part 1

Q. 미세 플라스틱이 치매와 관련이 있다고 들었습니다. 왜 그런지, 그리고 어떻게 조심해야 하는지 알려주세요.

미세 플라스틱은 5㎜~1㎛(마이크로미터, 1㎛ = 100만분의 1m)의 아주 작은 플라스틱 조각을 말하는데, 특히 주방의 플라스틱 보관용기, 비닐봉지, 장난감 등으로부터 유래된다고 알려져 있습니다.
최근 연구(Nature Medicine, 2025)를 보면 사망한 사람들의 신장, 간, 뇌 조직에서 미세 플라스틱과 나노 플라스틱 입자들이 발견되었는데, 다른 장기보다 뇌 조직에 더 많은 플라스틱이 축적되어 있었다고 합니다. 또한 2016년보다 2024년 사망자에게서 플라스틱 농도가 더 높게 나타나 시간이 지날수록 체내 축적이 증가하고 있음을 보여줍니다.
더 우려스러운 것은 치매 진단을 받은 사람들의 뇌 속 플라스틱 농도가 훨씬 높았다는 점입니다. 이는 일상적으로 노출되는 플라스틱이 인체에 축적되어 건강에 영향을 미칠 가능성을 시사하며, 특히 뇌 건강의 측면에서도 반드시 관심을 가져야 할 것으로 보입니다.
우선 주방에서 쓰는 보관용기나 조리도구 등이 플라스틱이라면 스테인리스나 유리, 실리콘 소재의 것으로 점진적으로 바꿔 나갈 것을 권합니다. 또한 비닐랩이나 지퍼백 사용은 최소로 하는 노력이 필요합니다.

Q. 뇌 건강에 도움이 되는 영양제가 있다면 추천해주세요

식품의약품안전처의 인증을 받은, 인지 기능이나 기억력 개선에 도움이 되는 성분은 현재 총 17가지입니다(2025년 기준). 뇌 건강을 위한 영양제나 건강기능식품을 구입한다면, 아래의 성분이 충분히 함유되어 있는지 확인하세요. 또한 경도인지장애나 치매로 처방 받은 약이 있는 경우에는 영양제나 건강기능식품 섭취에 대해 반드시 의료진과 상담한 후 선택하세요.

인지 기능이나 기억력 개선에 도움 되는 성분

- 포스파티딜세린
- EPA 및 DHA 함유 유지
- 은행잎 추출물
- 홍삼
- 새싹인삼 추출분말
- 현삼 추출물
- 구기자 추출물
- 당귀 등 추출복합물
- 참당귀 추출분말(Nutragen)
- 참당귀뿌리 추출물
- 비파엽 추출물
- 열처리 녹차 추출물
- 유산균 발효 다시마 추출물
- 참깨박 추출물
- 천마 등 복합추출물(HX106)
- 피브로인 추출물 BF-7
- BT-11원지 추출분말

뇌 건강을 위해 운동도 중요하다고 들었습니다. 어떻게 운동하는 것이 효과가 있을까요?

강도 높은 운동을 가끔 하는 것보다 저강도라도 꾸준하게 지속하는 운동이 중요합니다. 그래서 '7530 운동법'을 많이 추천하고 있습니다.
미국 스포츠의학회와 질병통제예방센터가 공동 발표한 건강 증진용 운동 가이드 라인으로, '1주일에 / 5일 이상 / 하루 30분 이상 운동'을 의미합니다. 운동은 30분을 한 번에 연속해서 할 필요 없이 10분씩 3번 나누어 하거나, 여러 차례로 나누어 총 30분을 채우면 되는 유연한 방식이라 누구든 쉽게 실천할 수 있습니다. 이렇게 5일을 하면 1주일에 총 150분을 채우게 됩니다. 물론 야외에서 운동을 하면 비타민D 합성을 통해 뼈 건강이나 치매 예방 등에 더 도움이 될 수는 있지만, 여건이 안된다면 실내에서 해도 됩니다.

7530 운동법에서 추천하는 운동

① **걷기** 무리하지 않으면서 꾸준히 할 수 있는 유산소 운동이지요. 조금 속도를 내서 걸으면 더 좋아요.

② **슬로우 조깅** 무릎 관절에 문제가 없다면 추천해요. 걷는 속도와 거의 비슷한 속도의 조깅인데, 걷는 것보다는 강도가 약간 높아요. 무리되지 않는 범위에서 슬로우 조깅과 걷기를 병행하면 좋습니다.

③ **수중운동** 물에서는 걷기만 해도 운동이 됩니다. 관절에 부담을 최소화하면서 근력과 지구력을 동시에 향상시킬 수 있죠. 수중 에어로빅이나 가벼운 수영도 추천해요.

④ **맨손 근력운동** 의자에서 일어섰다 앉기, 팔 굽혀펴기(벽이나 의자를 이용한 가벼운 버전도 가능), 다리 들기(의자에 앉아 다리를 번갈아 들어올리기) 등도 충분히 운동이 됩니다. 최소 10~15회 정도 반복하세요.

⑤ **맨손 스트레칭** 목, 어깨, 허리, 다리 등 전신 스트레칭만으로도 운동이 돼요. 각 동작마다 15~30초씩 유지했다가 다음 동작으로 넘어가세요. 다양한 운동 전후 5~10분씩 해도 좋고, 20~30분간 반복해 진행해도 좋습니다.

⑥ **댄스 인지장애나 치매 환자에게 특히 강력 추천!** 동작을 외워야 하고 균형 감각을 훈련하는 동시에, 음악과 리듬, 교류를 통한 즐거움을 강화시켜 뇌의 여러 영역을 동시에 자극해 기억력, 주의 집중력, 공간 지각능력 등 인지기능 향상에 큰 도움이 된다고 알려져 있어요.

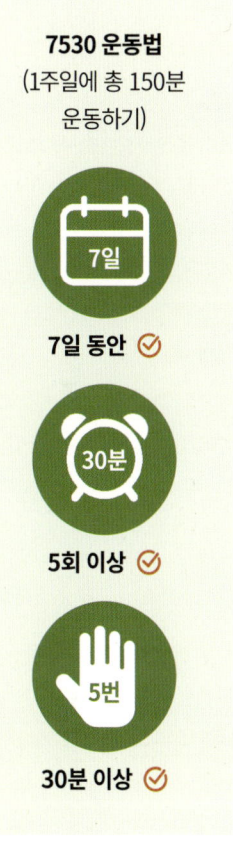

7530 운동법
(1주일에 총 150분 운동하기)

7일 동안
30분
5회 이상
30분 이상

*뇌 건강과 치매 예방을 위한 생활지침을 동영상으로 만나보세요!

Recipe

한국형 MIND 식단

쉽고 맛있는 레시피로 실천하기

Part 1

초간단 사이드메뉴

넉넉히 만들어 매끼 활용할 수 있는 MIND 만능템

....

MIND 식단에서 특히 매일 먹으라고 권하는
채소, 견과류, 올리브유 등을 듬뿍 넣어
넉넉히 만들어두는 사이드메뉴들입니다.
한식과 양식에 두루 어울리니 저장 반찬이나
소스, 양념 등으로 활용해 매끼 식탁에 올리세요.

- MIND 쌈장 3종
- 후무스 3종
- 페스토 3종
- 라페 4종
- 채소 오일절임 4종
- 디핑소스 & 살사 4종

*부록으로 MIND 건강밥 7종,
MIND 저당 간식 5종도 소개했어요.

Part 1
MIND 쌈장

MIND POINT
- 견과류, 올리브유, 들기름 등을 넣어 건강한 기름을 섭취할 수 있어요.
- 두부, 고추, 버섯 등을 넣어 식감을 더하고 염도를 낮췄어요.
- 잎채소나 찐 양배추, 채소스틱 등과 함께 한식 밥상에 올려요.

고소하게 씹히는 견과류가 매력적인
견과류 쌈된장

5~10분 / 10인분 / 냉장 보관 1주

- 견과류 약 1/2컵
  (호두, 아몬드, 잣 등, 60g)
- 청양고추 3개
  (또는 고춧가루 1작은술)
- 된장 1/2컵(130g)
- 청주 3큰술
- 들기름 4큰술

1. 마른 팬에 견과류를 넣고 약한 불에서 2~3분간 고소하게 볶는다.
2. 견과류는 한 김 식혀 칼이나 커터기로 곱게 다지고, 청양고추는 씨째 곱게 다진다.
3. 볼에 된장, 청주, 들기름을 넣어 잘 섞는다.
4. ③에 견과류, 청양고추를 넣고 한 번 더 섞는다. 남은 쌈된장은 밀폐용기에 담아 냉장 보관한다.

Tip / 견과류는 팬에 볶거나 에어프라이어에서 180℃로 4~5분간 구우면 잡내를 없애고 고소한 맛을 낼 수 있어요.

Part 1
MIND 쌈장

두부를 넣어 더욱 담백하고 부드러운
올리브유 쌈장

15~20분 / 10인분 / 냉장 보관 1주

- 두부 작은 팩 1/2모(100g)
- 양파 1/4개(50g)
- 올리브유 1큰술 + 2큰술
- 된장 3큰술
- 고추장 1큰술
- 후춧가루 약간

1. 양파는 다지고, 두부는 물기를 짠 후 칼등으로 으깬다.
2. 달군 팬에 올리브유(1큰술)를 두르고 양파를 넣어 중간 불에서 노릇하게 볶다가 두부를 넣어 4~5분간 보슬보슬하게 더 볶은 후 한 김 식힌다.
3. 볼에 올리브유(2큰술), 된장, 고추장, 후춧가루를 넣어 섞은 후 ②를 넣고 한 번 더 섞는다. 남은 쌈장은 밀폐용기에 담아 냉장 보관한다.

아삭한 고추와 쫄깃한 버섯이 듬뿍 들어간
풋고추 버섯쌈장

15~20분(+ 다시마 불리기 10분) / 10인분 / 냉장 보관 1주

- 마른 표고버섯 4장
- 풋고추 5개(75g)
- 홍고추 1개(15g)
- 다시마 4×4cm 1장
- 물 1과 1/4컵(250㎖)
- 후춧가루 약간

양념
- 된장 1/4컵
- 버섯가루 1큰술(생략 가능)
- 고춧가루 1/2작은술
- 다진 마늘 1/2큰술

녹말물
- 녹말가루 1큰술
- 물 1큰술

1. 냄비에 물, 다시마를 넣고 10분 정도 우린다. 마른 표고버섯은 미지근한 물에 담가 10분간 불린 후 물기를 꼭 짜고 곱게 다진다.
2. 풋고추, 홍고추는 반으로 갈라 씨째 송송 썬다.
3. ①의 냄비에 다진 표고버섯을 넣어 중강 불에서 끓인다. 끓어오르면 중간 불로 줄여 3분간 더 끓인 후 다시마는 건져낸다.
4. 볼에 양념 재료를 넣어 섞은 후 ③에 넣고 중강 불에서 1~2분간 끓인다. 풋고추, 홍고추를 넣고 중간 불로 줄여 2~3분간 더 끓인다.
5. 볼에 녹말물 재료를 넣어 섞은 후 ④에 넣고 걸쭉해지면 후춧가루를 넣는다. 남은 쌈장은 한 김 식힌 후 밀폐용기에 담아 냉장 보관한다.

💡 **Tip** / 녹말물을 넣으면 걸쭉한 농도를 만들고 짠맛도 중화시켜줘요. 녹말가루 대신 연근, 감자 등을 약간 갈아 넣어도 됩니다.

올리브유 쌈장

풋고추 버섯쌈장

Part 1
후무스

MIND POINT

- 올리브유를 듬뿍 넣어 부드러워요.
- 단백질이 가득해 든든해요.
- 채소를 갈아 넣어 식이섬유가 가득해요.
- 통밀빵에 발라 스프레드로 즐기거나 채소스틱을 곁들여 디핑소스로 먹어도 맛있어요.

스프레드나 소스로 활용하기 좋은
병아리콩 후무스

10~15분 / 10인분 / 냉장 보관 1주

- 통조림 병아리콩 1캔
  (250g, 또는 삶은 것)
- 타히니소스 80g
  (또는 통깨 6~7큰술 + 올리브유 1큰술)
- 마늘 4쪽(20g)
- 물 2큰술(30g)
- 올리브유 약 2/3컵(120g)
- 레몬즙 4큰술(생 레몬 1개분, 40g)
- 소금 1/2작은술(2g)
- 후춧가루 약간
- 파프리카 가루 약간
  (또는 케이엔페퍼, 생략 가능)

1. 통조림 병아리콩은 물에 헹군 후 체에 받쳐 물기를 뺀다.
2. 블렌더에 병아리콩, 타히니소스, 마늘, 물, 올리브유, 레몬즙, 소금, 후춧가루를 넣어 곱게 간다.
3. 기호에 맞게 파프리카 가루를 뿌린다.
   남은 후무스는 밀폐용기에 담아 냉장 보관한다.

 Tip /

- 일반 말린 병아리콩은 물에 2~3시간 정도 불린 후 끓는 물에 넣고 15~20분간 삶아서 사용하면 됩니다. 익히면 무게가 2~3배 정도 늘어나요.
- **후무스와 타히니소스**
  후무스(hummus)는 중동지역에서 즐겨 먹는 스프레드겸 디핑소스예요. 타히니(tahini) 소스는 참깨 소스로 없다면 참깨와 올리브유를 곱게 갈아 써도 돼요. 갈 때 땅콩을 몇 알 추가하면 더 고소한 맛을 낼 수 있어요.

Part 1
후무스

파프리카를 구워 단맛을 살린
파프리카 후무스

20~25분 / 10인분 / 냉장 보관 1주

- 파프리카 2개(400g)
- 타히니소스 50g
  (또는 통깨 4큰술 + 올리브유 1/2큰술)
- 마늘 3쪽(15g)
- 올리브유 2큰술 + 약 1/3컵(80g)
- 레몬즙 2큰술(생 레몬 1/2개분, 20g)
- 소금 1/2작은술(2g)
- 파프리카 가루 약간
  (또는 케이엔페퍼, 생략 가능)

1 파프리카는 4등분하여 씨를 제거한다.

2 달군 팬에 올리브유(2큰술)를 두르고 파프리카를 올려 중간 불에서 4~5분간 굽는다.

3 블렌더에 구운 파프리카, 타히니소스, 마늘, 올리브유(1/3컵), 레몬즙, 소금을 넣어 곱게 간다. 기호에 따라 파프리카 가루를 곁들인다. 남은 후무스는 밀폐용기에 담아 냉장 보관한다.

Tip / 채소 디핑소스, 샐러드 드레싱, 샌드위치 스프레드 등으로 활용하세요.

강황을 넣어 이국적인 풍미를 더한
가지 강황 후무스

20~25분 / 10인분 / 냉장 보관 1주

- 가지 2개(400g)
- 올리브유 3큰술
- 강황가루 1작은술
- 타히니소스 50g
  (또는 통깨 4큰술 + 올리브유 1/2큰술)
- 마늘 4쪽(20g)
- 생 들기름 약 4큰술
  (또는 올리브유, 60g)
- 레몬즙 2큰술(생 레몬 1/2개분, 20g)
- 소금 1/2작은술(2g)
- 파프리카 가루 약간
  (또는 케이엔페퍼, 생략 가능)

1 가지는 길게 반으로 썬 후 2~3등분한다.

2 달군 팬에 올리브유를 두르고 가지를 올려 중간 불에서 3~4분간 굽는다.

3 블렌더에 구운 가지, 강황가루, 타히니소스, 마늘, 생 들기름, 레몬즙, 소금을 넣어 곱게 간다. 기호에 따라 파프리카 가루를 곁들인다. 남은 후무스는 밀폐용기에 담아 냉장 보관한다.

Tip / 채소 디핑소스, 샐러드 드레싱, 샌드위치 스프레드 등으로 활용하세요.

파프리카 후무스

가지 강황 후무스

Part 1
페스토

MIND POINT
- 올리브유를 듬뿍 먹을 수 있어요.
- 견과류가 들어가 건강한 기름을 함께 섭취하고 고소한 풍미를 냈어요.
- 빵이나 파스타 소스로 활용하기 좋아요.

향긋한 허브와 올리브유로 만든
바질페스토

**10~15분 / 10인분 /
냉장 보관 2주, 냉동 보관 1달**

- 바질 60g
  (또는 깻잎, 참나물, 취나물)
- 잣 1~2큰술(또는 아몬드, 캐슈넛, 30g)
- 마늘 3쪽(15g)
- 파마산 치즈가루 3큰술(30g)
- 올리브유 약 2/3컵(120g)
- 후춧가루 약간

1. 바질은 씻어서 물기를 뺀다.
2. 마른 팬에 잣을 올려 약한 불에서 1~2분간 볶는다.
3. 블렌더에 바질, 잣, 마늘, 파마산 치즈가루, 올리브유, 후춧가루를 넣어 곱게 간다.
   남은 페스토는 밀폐용기에 담아 냉장 보관한다.

 Tip /

- 보관용기에 담고 윗면이 마르지 않도록 올리브유를 뿌려두세요.
  바질 대신 깻잎으로 페스토를 만들 때는 올리브유 대신 생 들기름을 사용해도 어울려요.
- **페스토(pesto)**
  마늘, 견과류, 치즈에 올리브유를 듬뿍 넣어 곱게 갈아 만드는 이탈리아의 대표 소스예요.
  치즈의 경우, 감칠맛이 좋고 염도가 다소 높은 숙성치즈 (파마산 치즈가루, 파르미지아노 레지아노, 그라나파다노)를 써야 제맛이 나니 치즈로만 간을 맞추고 소금은 빼요.

Part 1
페스토

여러 가지 버섯을 듬뿍 넣어 풍미를 더한
버섯페스토

**20~25분 / 10인분 /
냉장 보관 2주, 냉동 보관 1달**

- 표고버섯 10개(200g)
- 양송이버섯 6개(100g)
- 새송이버섯 1개(80g)
- 느타리버섯 1줌(50g)
- 아몬드 1과 1/2큰술
  (또는 잣, 캐슈넛, 30g)
- 마늘 6쪽(30g)
- 파마산 치즈가루 2큰술(20g)
- 올리브유 2큰술 + 약 1/2컵
  (또는 생 들기름, 100g)
- 후춧가루 약간

1. 표고버섯, 양송이버섯, 새송이버섯, 느타리버섯은 적당한 크기로 썬다.
2. 마늘은 편으로 썬다.
3. 달군 팬에 올리브유(2큰술)를 두르고 중간 불에서 마늘을 넣어 1분간 볶다가 버섯을 넣고 4~5분간 더 볶는다.
4. 블렌더에 버섯, 아몬드, 마늘, 파마산 치즈가루, 올리브유(1/2컵), 후춧가루를 넣어 곱게 간다.
   남은 페스토는 밀폐용기에 담아 냉장 보관한다.

Tip / 크리미한 맛으로 삶은 파스타에 버무려 먹거나 샌드위치 스프레드로 활용하기 좋아요.

다양하게 활용하기 좋은
올리브페스토

**10~15분 / 10인분 /
냉장 보관 2주, 냉동 보관 1달**

- 블랙올리브 80g
  (씨 없는 것, 또는 그린올리브)
- 마늘 2쪽(10g)
- 파마산 치즈가루 3큰술(30g)
- 올리브유 약 1/2컵(100g)
- 후춧가루 약간

1. 블랙올리브는 물기를 제거한다.
2. 블렌더에 모든 재료를 넣어 곱게 간다.
   남은 페스토는 밀폐용기에 담아 냉장 보관한다.

Tip / 샌드위치 스프레드, 채소 디핑소스로 활용하기 좋아요.

Part 1
라페

강황 콜라비라페

비트라페

MIND POINT

- 단맛을 줄이는 대신 애플사이다비네거나 레몬즙으로 맛을 채웠어요.
- 채소와 올리브유를 듬뿍 먹을 수 있어요.
- 라페(râpées)는 채소를 잘게 썰어 만드는 샐러드예요.
- 반찬이나 사이드메뉴로 곁들여 그냥 먹어도 좋고, 달고 짠 피클이나 단무지 대신 샌드위치나 김밥에 활용해도 어울려요.

양배추라페

당근라페

Part 1
라페

아삭한 식감이 좋은
강황 콜라비라페

15~25분 / 10인분 / 냉장 보관 1주

- 콜라비 1/2개(또는 무, 300g)
- 양파 1개(또는 적양파, 200g)
- 강황가루 1작은술
- 소금 1작은술
- 애플사이다비네거 4큰술
  (또는 천연 발효식초, 레몬즙)
- 원당 1작은술
- 홀그레인 머스터드 1큰술
- 올리브유 1/2컵(100㎖)
- 후춧가루 약간

1 콜라비는 일정한 두께로 얇게 채 썰고,
  양파도 비슷한 두께로 채 썬다.
  *채칼을 활용하면 편해요.

2 볼에 콜라비, 강황가루, 소금을 넣고 섞은 후
  10분간 절이면서 중간에 뒤적여준다.

3 콜라비에 생긴 물기를 가볍게 짜서 버리고
  양파, 애플사이다비네거, 원당, 홀그레인 머스터드,
  올리브유, 후춧가루를 넣어 골고루 섞는다.
  남은 라페는 밀폐용기에 담아 냉장 보관한다.

💡 **Tip** /
- 강황가루 대신 바질, 오레가노, 타임 등
  기호에 맞는 허브를 넣어 만들어도 좋아요.
- 올리브유는 냉장고에서 굳어지기 때문에 라페는
  냉장 보관 후 먹기 전에 잘 섞어서 먹어요.

비트를 살짝 익혀 단맛을 살린
비트라페

20~25분 / 10인분 / 냉장 보관 1주

- 비트 2개(작은 것, 500g)
- 올리브유 2큰술 + 1/2컵(100㎖)
- 애플사이다비네거 3큰술
  (또는 천연 발효식초, 레몬즙)
- 홀그레인 머스터드 1큰술
- 소금 1작은술
- 후춧가루 약간

1 비트는 일정한 두께로 얇게 채 썬다.
  *채칼을 활용하면 편해요.

2 달군 팬에 올리브유(2큰술)를 두르고
  비트를 넣어 중간 불에서 3~4분간 볶은 후
  소금, 후춧가루로 간을 한다.

3 비트를 완전히 식힌 후 애플사이다비네거,
  홀그레인 머스터드, 올리브유(1/2컵)를
  넣어 섞는다. 남은 라페는 밀폐용기에 담아
  냉장 보관한다.

💡 **Tip** / 올리브유는 냉장고에서 굳어지기 때문에
라페는 냉장 보관 후 먹기 전에 잘 섞어서 먹어요.

적양배추로 색감을 더한
양배추라페

 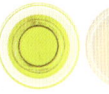

15~25분 / 10인분 / 냉장 보관 1주

- 양배추 1/4통(400g)
- 적양배추 1/6통(100g, 또는 양배추)
- 소금 1작은술
- 애플사이다비네거 4큰술
  (또는 천연 발효식초, 레몬즙)
- 원당 1작은술
- 홀그레인 머스터드 1큰술
- 올리브유 1/2컵(100㎖)
- 후춧가루 약간

1 양배추, 적양배추는 일정한 두께로 얇게 채 썬다.
   * 채칼을 활용하면 편해요.

2 볼에 양배추, 적양배추, 소금을 넣고 섞은 후
   10분간 절이면서 중간에 뒤적여준다.

3 양배추에 생긴 물기를 가볍게 짜서 버리고
   애플사이다비네거, 원당, 홀그레인 머스터드,
   올리브유, 후춧가루를 넣어 골고루 섞는다.
   남은 라페는 밀폐용기에 담아 냉장 보관한다.

💡 **Tip** / 올리브유는 냉장고에서 굳어지기 때문에
라페는 냉장 보관 후 먹기 전에 잘 섞어서 먹어요.

여러 음식에 곁들이기 좋은
당근라페

 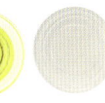 

20~25분 / 10인분 / 냉장 보관 1주

- 당근 2개(500g)
- 소금 1/2큰술
- 원당 1작은술
- 레몬즙 1큰술
- 홀그레인 머스터드 1큰술
- 올리브유 1/4컵(50㎖)
- 후춧가루 약간
- 딜 1줄기(또는 파슬리, 생략 가능)

1 당근은 일정한 두께로 얇게 채 썬다.
   딜은 굵게 다진다. * 채칼을 활용하면 편해요.

2 볼에 당근, 소금을 넣고 10분간 절이면서
   중간에 뒤적여준다.

3 당근에 생긴 물기를 가볍게 짜서 버리고
   원당, 레몬즙, 홀그레인 머스터드, 올리브유,
   후춧가루를 넣고 골고루 섞는다.

4 딜을 넣어 섞는다.
   남은 라페는 밀폐용기에 담아 냉장 보관한다.

💡 **Tip** /

- 부드러운 식감을 원한다면, 당근을 올리브유에
  살짝 볶아 만들어도 돼요.
- 올리브유는 냉장고에서 굳어지기 때문에
  라페는 냉장 보관 후 먹기 전에 잘 섞어서 먹어요.

Part 1
채소 오일절임

모둠 버섯 오일절임

토마토 마늘 오일절임

매콤 가지 오일절임

파프리카 오일절임

MIND POINT

- 식이섬유가 풍부한 채소를 듬뿍 먹을 수 있어요.
- 올리브유를 다양한 맛으로 즐길 수 있어요.
- 짠맛을 줄이고 다양한 허브로 풍미를 더했어요.
- 반찬, 드레싱, 파스타 소스 등으로 활용할 수 있어요.

Part 1 채소 오일절임

샌드위치나 고기요리에 잘 어울리는
토마토 마늘 오일절임

10~15분(+ 토마토 굽기 25분) / 10인분 / 냉장 보관 1주

- 방울토마토 30~32개(500g)
- 마늘 10쪽(50g)
- 소금 1/4작은술
- 후춧가루 약간
- 올리브유 1/2컵(100㎖)
- 바질 3~4장(또는 말린 바질이나 오레가노 1/2작은술, 생략 가능)

1. 방울토마토는 꼭지를 떼어내고 2등분한다.
2. 오븐 팬에 방울토마토와 마늘을 섞어서 담고 소금, 후춧가루, 올리브유를 뿌려 골고루 섞는다. 예열 없이 180℃의 오븐(또는 에어프라이어)에서 25분간 굽는다.
3. 완전히 식힌 후 밀폐용기에 담고 바질을 넣는다. 남은 오일절임은 냉장 보관한다.

💡 **Tip /** 오븐에 구울 때는 예열 없이 바로 구워도 돼요. 팬에서 만들 때는 재료를 넣고 뚜껑을 덮어 중간 불에서 7~8분간 마늘이 부드럽게 익을 때까지 익혀요.

한번 구워 쫄깃한 식감을 더한
모둠 버섯 오일절임

20~25분 / 10인분 / 냉장 보관 1주

- 모둠 버섯 500g(양송이버섯, 표고버섯, 미니 새송이버섯, 만가닥버섯 등)
- 마늘 4쪽(20g)
- 올리브유 3큰술 + 1/4컵(50㎖)
- 월계수잎 2장(생략 가능)
- 소금 1/2작은술
- 후춧가루 약간
- 타임 2~3줄기(또는 로즈마리, 파슬리, 생략 가능)

1. 버섯은 0.3cm 두께로 슬라이스하거나 손으로 가닥가닥 뜯는다. 마늘은 편 썬다.
2. 달군 팬에 올리브유(3큰술)를 두르고 중강 불에서 버섯을 넣어 2분간 볶는다. 마늘을 넣고 중간 불로 줄여 7~8분간 노릇하도록 더 볶는다.
3. 월계수잎, 소금, 후춧가루, 올리브유(1/4컵)를 넣고 불을 끈다.
4. 완전히 식힌 후 밀폐용기에 담고 타임을 넣는다. 기호에 따라 발사믹식초를 추가해도 좋다. 남은 오일절임은 냉장 보관한다.

💡 **Tip /** 버섯은 노릇하게 볶은 후 간을 해야 수분이 적게 생겨요. 버섯의 양이 많을 때는 한꺼번에 볶지 말고 나누어 볶아 수분을 충분히 날려요.

껍질을 벗겨 더욱 부드러운
파프리카 오일절임

10~15분(+ 파프리카 굽기 20분) / 10인분 / 냉장 보관 1주

- 파프리카 4개(600g, 작은 것)
- 마늘 2쪽(10g)
- 올리브유 1/4컵(50㎖)
- 발사믹식초 1큰술(또는 애플사이다비네거)
- 소금 1작은술
- 딜 2줄기(생략 가능)

1. 파프리카는 꼭지째 오븐 팬에 올려 예열된 200°C 오븐에서 20분간 굽는다.
2. 파프리카는 뜨거울 때 볼에 담고 뚜껑이나 접시로 덮어서 식힌다.
   * 뚜껑을 덮어두지 않으면 껍질이 잘 벗겨지지 않아요.
3. 파프리카가 완전히 식으면 껍질을 벗기고 꼭지와 씨를 제거한다.
4. 파프리카는 0.5cm 두께로 채 썰고, 마늘은 편 썬다.
5. 밀폐용기에 파프리카, 마늘, 올리브유, 발사믹식초, 소금, 딜을 넣어 섞는다. 남은 오일절임은 냉장 보관한다.

파스타 소스로 활용하기 좋은
매콤 가지 오일절임

20~25분(+ 가지 절이기 20분) / 10인분 / 냉장 보관 1주

- 가지 4개
- 소금 1큰술
- 마늘 3쪽(15g)
- 베트남고추 2~3개(또는 마른 고추 1개)
- 통후추 1/2작은술
- 타임 2줄기(또는 로즈마리, 생략 가능)
- 올리브유 2/3컵(120㎖)

1. 가지는 길게 2등분해 2cm 폭으로 썬다. 마늘은 편 썬다.
2. 가지에 소금을 뿌리고 뒤적이며 20분간 절인다.
3. 냄비에 물(1컵), 식초(1/2컵)를 넣어 끓인다. 끓어오르면 절인 가지를 넣어 중강 불에서 2~3분간 데친다. 체에 밭쳐 한 김 식힌 후 물기를 꼭 짠다.
4. 밀폐용기에 마늘, 베트남고추, 통후추, 타임을 골고루 섞어서 담은 후 가지를 꾹꾹 눌러 담고 올리브유로 채운다. 남은 오일절임은 냉장 보관한다.

💡 **Tip** / 베트남고추는 그대로 사용하고 마른 고추는 가위로 큼직하게 썰어 넣어요.

Part 1
디핑소스 & 살사

참치디핑소스

토마토살사

오이 요거트디핑소스

깻잎살사

MIND POINT

- 시판 제품보다 당과 나트륨, 열량을 낮춰 건강하게 만들었어요.
- 디핑(dipping) 소스는 생 채소나 익힌 채소를 찍어 먹는 소스로, 샐러드 드레싱이나 샌드위치 스프레드로도 잘 어울려요.
- 살사(salsa)는 건더기가 풍부한 소스로 샐러드 드레싱은 물론 고기나 생선요리에 곁들여도 어울려요.

Part 1
디핑소스 & 살사

반찬으로도 어울리는
참치디핑소스

15~25분 / 5인분 / 냉장 보관 3~4일

- 통조림 참치 1개
  (작은 것, 또는 시판 익힌 닭가슴살, 135g)
- 양파 1/4개(50g)
- 실파 2줄기(30g)
- 칠리파우더 1/2작은술(생략 가능)
- 올리브유 2큰술
- 마요네즈 3큰술
- 소금 약간
- 후춧가루 약간

1 통조림 참치는 체에 밭쳐 기름기를 제거하고 곱게 으깬다.

2 양파는 잘게 다지고, 실파는 송송 썬다.

3 볼에 참치, 양파, 칠리파우더, 올리브유, 마요네즈를 넣어 섞은 후 실파, 소금, 후춧가루를 넣어 한 번 더 섞는다.
남은 것은 밀폐용기에 담아 냉장 보관한다.

💡 **Tip /** 마요네즈는 올리브유로 만든 제품을 추천해요.

채소, 고기 요리를 더 맛있게
토마토살사

10~15분 / 5인분 / 냉장 보관 1주

- 토마토 2개(또는 방울토마토, 400g)
- 적양파 1/4개(또는 양파)
- 청양고추 1개
- 마늘 2쪽(10g)
- 고수 3~4줄기(또는 실파 3줄기)
- 올리브유 2큰술
- 라임즙 1/2~1개분(또는 레몬즙)
- 소금 1/2작은술
- 후춧가루 약간

1 토마토 1개는 1cm 두께로 슬라이스한다.
1개는 꼭지 반대쪽에 열십(+)자로 칼집을 낸다.

2 적양파는 굵게 다지고, 청양고추와 마늘은 잘게 다진다. 고수는 송송 썬다.

3 달군 팬에 올리브유를 두르고 슬라이스한 토마토를 올려 중간 불에서 3~4분간 굽는다.

4 끓는 물에 칼집 낸 토마토를 넣어 1분간 데친 후 찬물에 담가 식힌다. 껍질을 벗기고 굵게 다진다.

5 블렌더에 구운 토마토를 넣어 곱게 간다.
볼에 간 토마토, 다진 토마토, 적양파, 청양고추, 마늘, 고수, 소금, 후춧가루를 넣고 라임즙을 짜 넣는다. 남은 것은 밀폐용기에 담아 냉장 보관한다.

💡 **Tip /** 토마토를 올리브유에 구우면 향이 더 풍부해지고 항산화 작용도 높아져요.

그냥 먹어도 맛있는
오이 요거트디핑소스

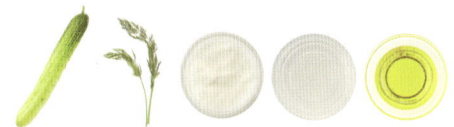

15~25분 / 5인분 / 냉장 보관 3~4일

- 오이 1개(200g)
- 소금 1/2작은술
- 딜 1줄기(또는 말린 딜)
- 그릭요거트 1컵(150g)
- 다진 마늘 1작은술
- 올리브유 2큰술
- 레몬즙 1큰술(또는 애플사이다비네거)
- 소금 약간
- 후춧가루 약간

1 오이는 가늘게 채 썰어 볼에 담고
   소금(1/2작은술)을 넣어 섞은 후 10분간 절인다.
   딜은 송송 썬다.

2 오이는 물기를 꼭 짜고 볼에 담는다.
   딜, 그릭요거트, 다진 마늘, 올리브유, 레몬즙,
   소금, 후춧가루를 넣어 섞는다.
   남은 것은 밀폐용기에 담아 냉장 보관한다.

💡 **Tip** / 오이에 씨가 많으면 물이 많이 생기니,
오이 속의 씨 부분을 제거하고 채 썰어요.

한식에도 제격인 풍미
깻잎살사

10~15분 / 5인분 / 냉장 보관 1주

- 깻잎 5장(또는 깻잎순, 참나물, 20g)
- 마늘 2쪽(10g)
- 청양고추 1개
- 홍고추 1/2개
- 레몬즙 1큰술(또는 발사믹식초)
- 애플사이다비네거 3큰술
- 원당 1/2큰술
- 올리브유 1/4컵(50㎖)
- 소금 약간
- 후춧가루 약간

1 깻잎은 꼭지를 떼어내고 반으로 갈라 채 썬다.
   마늘은 채 썰고, 청양고추, 홍고추는 송송 썬다.

2 볼에 깻잎, 마늘, 청양고추, 홍고추, 레몬즙,
   애플사아다비네거, 원당, 올리브유를 넣어 섞는다.

3 소금, 후춧가루로 간을 한다.
   남은 것은 밀폐용기에 담아 냉장 보관한다.

부록 1   MIND 건강밥 7종

강황밥

MIND POINT
- 다양한 통곡물을 더해 단백질, 식이섬유 섭취를 늘려요.
- 채소를 더하면 포만감, 식감을 다채롭게 즐길 수 있어요.
- 넉넉히 만들어 소분해서 냉동했다가 해동해 먹어도 좋아요.

곤약밥

채소밥

부록 1 · 건강밥

올리브유 검은콩밥
3인분

- 쌀 1컵(또는 흰쌀 3/4컵 + 현미 1/4컵, 160g)
- 불린 검은콩 약 2큰술(또는 강낭콩, 30g)
- 올리브유 1큰술(또는 생 들기름)

1. 쌀은 씻어서 20분간 불린 후 체에 받쳐 물기를 뺀다.
2. 밥솥에 쌀, 불린 검은콩, 올리브유를 넣고 불린 쌀과 동량의 물(1.2컵)을 붓는다.
3. 전기밥솥에 넣고 잡곡모드로 밥을 짓는다.

💡 **Tip** / 검은콩은 씻어서 1시간 정도 미리 불려서 사용하고 불린 콩물을 밥물로 사용해도 돼요. 콩은 불리면 무게가 1.7~1.8배로 늘어나요. 밥을 할 때마다 불리기 어렵다면 한번에 불려서 냉동 보관했다가 사용하세요.

렌틸콩 현미밥
3인분

- 현미 2/3컵(100g)
- 렌틸콩 1/4컵(40g)

1. 현미와 렌틸콩은 씻어서 20분간 불린 후 체에 받쳐 물기를 뺀다.
2. 밥솥에 현미, 렌틸콩을 넣고 불린 현미와 동량의 물(1컵)을 붓는다.
3. 전기밥솥에 넣고 잡곡모드로 밥을 짓는다.

나물밥
3인분

- 쌀 2/3컵(또는 잡곡 섞은 쌀, 100g)
- 동결 건조나물 10g(또는 데친 나물 100g)
- 들기름 1큰술
- 소금 약간

1. 쌀은 씻어서 20분간 불린 후 체에 받쳐 물기를 뺀다.
2. 건조나물은 볼에 담아 헹군 후 물기를 꼭 짠다.
3. 밥솥에 쌀, 건조나물, 들기름, 소금을 넣고 불린 쌀과 동량의 물(1컵)을 붓는다. 전기밥솥에 넣어 잡곡모드로 밥을 짓는다.

💡 **Tip** / 동결 건조나물은 따로 불리지 않고 밥에 넣어 사용하고 일반 건조나물은 충분히 불려서 사용해야 해요. 또 생나물은 데쳐서 사용하는데, 밥물은 재료에 따라 조절하세요.

두부밥
3인분

- 잡곡밥 2공기(200g)
- 두부 작은 팩 1모(200g, 또는 유부 60g)
- 소금 약간

1. 두부는 칼등으로 곱게 으깬다.
2. 두부를 면포로 감싸 물기를 꼭 짠 후 볼에 담는다. 소금을 넣어 섞은 후 전자레인지에서 1분간 데운다.
3. 잡곡밥에 두부를 넣어 골고루 섞는다.

💡 **Tip** / 유부로 대체할 경우 끓는 물에 유부를 넣어 살짝 데친 후 물기를 꼭 짜고 다져서 사용하세요.

강황밥
3인분

- 쌀 1컵(또는 잡곡 섞은 쌀, 160g)
- 강황 1작은술

1. 쌀은 씻어서 20분간 불린 후 체에 밭쳐 물기를 뺀다.
2. 밥솥에 쌀을 넣고 강황을 섞은 후 불린 쌀과 동량의 물(1.2컵)을 붓는다.
3. 전기밥솥에 넣고 백미모드로 밥을 짓는다.

💡 **Tip /** 백미 대신 잡곡 섞은 쌀을 사용한다면, 잡곡모드로 밥을 지어요.

곤약밥
3인분

- 쌀 1/2컵(또는 잡곡 섞은 쌀, 80g)
- 습식 곤약쌀 1/2봉지(100g)

1. 쌀은 씻어서 20분간 불린 후 체에 밭쳐 물기를 뺀다.
2. 습식 곤약쌀은 2~3번 씻어서 체에 건져 물기를 뺀다.
3. 밥솥에 쌀, 곤약쌀을 넣어 섞고 불린 쌀과 동량의 물(1/2컵)을 붓는다. 전기밥솥에 넣고 백미모드로 밥을 짓는다.

💡 **Tip /**
- 건식 곤약쌀은 전분이 들어있어 칼로리가 높아져요.
- 곤약에는 칼륨과 인이 함유되어 있어 신장 기능이 저하된 경우에는 섭취를 주의해야 해요.
- 백미 대신 잡곡 섞은 쌀을 사용한다면, 잡곡모드로 밥을 지어요.

채소밥
3인분

- 잡곡밥 2공기(200g)
- 양배추 4장(또는 무, 숙주, 버섯, 120g)
- 올리브유 1큰술
- 소금 약간

1. 양배추는 사방 0.5cm 크기로 썬다.
2. 달군 팬에 올리브유를 두르고 양배추를 넣어 중간 불에서 2~3분간 볶다가 소금으로 간을 한다.
3. 잡곡밥에 볶은 양배추를 넣어 골고루 섞는다.

💡 **Tip /** 양배추에 올리브유를 두르고 전자레인지에 2분 정도 익혀 사용해도 돼요.

건강밥도 다새롭게 즐기세요~

부록 2   MIND 저당 간식 5종

블루베리 와인젤리

베리와 견과 저당쿠키

MIND POINT
- MIND 추천 재료인 채소, 베리, 견과, 와인을 활용했어요.
- 건강한 당류를 최소로 넣어 맛있게 만들었고 만드는 방법도 쉬워요.

부록 2 • 저당 간식

블루베리 와인젤리 — 10~15분(+ 젤리 굳히기 1시간) / 2인분

- 블루베리 40g
  (또는 산딸기, 과일류)
- 화이트와인 120g
- 물 20g
- 올리고당 2큰술
- 꿀 1큰술
- 판 젤라틴 2장
  (또는 젤라틴 가루, 4g)
- 민트 약간(생략 가능)

1 판 젤라틴은 찬물에 담가 2분간 불린다.
2 냄비에 화이트와인, 물, 올리고당, 꿀을 넣어 중간 불에서 끓인다. 끓어오르면 불려둔 젤라틴을 물기를 꼭 짜서 넣고 저어가며 녹인다.
3 젤리 용기에 블루베리를 나눠 담고 ②를 부은 후 민트를 올린다.
4 냉장실에 넣어 1시간 정도 차게 굳힌다.

Tip / 젤라틴 가루(4g)를 사용할 때는 물 20g에 불려서 그대로 넣어 사용하세요.

베리와 견과 저당쿠키 — 30~40분 / 6개분

- 통밀가루 20g
  (중력분 또는 박력분)
- 아몬드가루 30g
- 소금 1g
- 베이킹파우더 1g
- 견과류 50g
  (아몬드, 호두, 해바라기씨 등)
- 달걀 1/2개
- 실온에 둔 버터 60g
- 원당 25g
- 롱 코코넛 10g
  (또는 코코넛가루, 생략 가능)
- 냉동 베리류 50g(블루베리, 라즈베리, 아사히베리 등)

1 볼에 통밀가루, 아몬드가루, 소금, 베이킹파우더를 넣고 골고루 섞는다.
2 견과류는 굵게 다진다. 볼에 달걀을 넣어 푼다.
3 볼에 실온에 둔 버터를 넣고 원당을 2회로 나누어 넣어가며 잘 섞는다.
4 ③의 볼에 달걀물을 2회로 나누어 넣어 섞는다.
5 ①의 가루를 넣고 가볍게 섞은 후 롱 코코넛, 견과류, 냉동 베리류를 넣어 가루가 보이지 않도록 섞는다.
6 반죽은 6등분하여 동그랗게 빚어 오븐 팬에 담고 숟가락으로 가운데를 살짝 눌러준다.
7 180°C로 예열한 오븐에서 15~18분간 굽는다.

Tip / 완성된 반죽을 냉장실에 1시간 정도 휴지시킨 후 구우면 쿠키의 모양이 퍼지지 않고 볼륨감 있게 구워져요.

두부크림 티라미수

20~25분(+ 차게 굳히기 1시간) / 2인분

- 바나나 2개(또는 망고)
- 레몬즙 1큰술
- 무가당 코코아 파우더 약간

두부크림
- 두부 작은 팩 1모(200g)
- 꿀 3큰술(또는 메이플시럽)
- 레몬즙 1큰술
- 소금 약간
- 바닐라에센스 약간(생략 가능)

1. 두부는 체에 밭쳐 물기를 뺀다. 블렌더에 두부크림 재료를 넣고 곱게 간다.
2. 바나나는 0.5cm 두께로 썰어서 레몬즙을 뿌린다.
3. 그릇에 바나나 1/2분량을 깔고 두부크림 1/2분량을 올린다. 그 위에 나머지 바나나, 두부크림을 올려 평평하게 편다.
4. 냉장실에 넣어 1시간 정도 차게 보관한 후 먹기 직전에 무가당 코코아 파우더를 뿌린다.

💡 **Tip** / 두부크림을 블렌더 없이 만들 때는 볼에서 두부를 곱게 으깨 부드럽게 저어준 후 재료를 하나씩 넣어가면서 거품기로 잘 섞어요.

와인 과일졸임

20~25분 / 2인분

- 사과 1개(또는 배 1/2개, 살구, 복숭아)
- 레드와인 2/3컵(120㎖)
- 물 1/4컵(50㎖)
- 시나몬 스틱 1/2개(또는 시나몬가루)
- 레몬필 약간(또는 오렌지필)
- 메이플시럽 2큰술(또는 올리고당)

1. 사과는 8등분해서 껍질을 벗기고 씨를 제거한다.
2. 냄비에 사과, 와인, 물을 넣고 중강 불에서 끓인다. 끓어오르면 시나몬 스틱, 레몬필(레몬을 깨끗하게 씻어 향이 강한 노란 껍질만 벗겨 곱게 다진 것)을 넣고 약한 불에서 10분간 졸인다.
3. 메이플시럽을 넣고 중간 불에서 2분간 더 졸인 후 차게 식힌다.

💡 **Tip** / 냉장고에 넣어 차게 보관해두었다가 요거트에 곁들이거나 스테이크 등의 사이드디쉬로 활용해도 좋아요.

토마토 애사비절임

15~20분 / 5인분

- 방울토마토 30~32개(500g)
- 바질 2장
- 다진 양파 2큰술
- 올리브유 5큰술
- 메이플시럽 3큰술
- 애플사이다비네거 2큰술 (또는 발사믹초)
- 소금 약간

1. 방울토마토는 꼭지 반대쪽에 열십(+)자로 칼집을 넣는다. 바질은 채 썬다.
2. 끓는 물에 소금, 방울토마토를 넣어 중강 불에서 1분간 데친 후 찬물에 헹궈 껍질을 벗긴다.
3. 볼에 방울토마토, 바질, 다진 양파, 올리브유, 메이플시럽, 애플사이다비네거, 소금을 넣어 골고루 섞는다.
4. 밀폐용기에 담고 냉장실에 넣어 차게 보관한다.

💡 **Tip** / 차게 보관하였다가 간식으로 먹거나 요거트 등에 곁들여 먹어요.

Part 2

채소와 버섯, 단백질 반찬

한국형 MIND 밥상에 딱 맞춘 반찬

....

MIND 식사법에서 권하는 재료로
맛있게 만든 MIND 반찬들입니다.
이 반찬만 있으면 얼마든지 손쉽게
한국형 MIND 식단을 구현할 수 있답니다.
주재료에 따라 매끼 먹거나
주 1~3회 이상 먹으면 좋은 것들로 나눠 두었으니
골고루 만들어 즐겨보세요.

- 매끼 2가지를 먹어요! 채소 & 버섯 반찬
- 주 3회 이상 먹어요! 두부 & 콩 반찬
- 주 2회 이상 먹어요! 닭고기 & 오리고기 반찬
- 주 1회 이상 먹어요! 생선 & 해산물 반찬

* 돼지고기나 쇠고기로 만든 반찬은
기름이 적은 부위로 주 1~2회 정도만 먹어요.

Part 2
채소 & 버섯 반찬

비트로 색감을 더해 식욕을 돋우는
무 미나리생채

10~15분 / 2인분

- 무 2~3cm 1토막
  (또는 콜라비, 200g)
- 비트 20g
- 미나리 1/2줌(30g)
- 소금 1/2작은술 + 약간

양념
- 애플사이다비네거 1과 1/2큰술
  (또는 천연식초)
- 다진 파 1큰술
- 다진 마늘 1작은술
- 원당 1작은술
- 통깨 간 것 2작은술

1. 무, 비트는 0.2cm 두께로 채 썰고, 미나리는 4cm 길이로 썬다.
2. 볼에 무, 소금(1/2작은술)을 넣어 뒤적인 후 10분간 절이고 물기를 뺀다.
3. 큰 볼에 양념 재료를 넣어 골고루 섞은 후 절인 무를 넣어 무친다.
4. 비트, 미나리를 넣어 버무린 후 소금으로 간한다.

💡 **Tip** / 기호에 따라 양념에 고춧가루나 고추장을 추가해도 됩니다.

MIND POINT
- 낯선 비트를 부담없이 섭취할 수 있어요.
- 소금 간을 줄이고 식초로 감칠맛을 냈어요.

오이의 향이 살아있는
오이 통깨무침

10분 / 2인분

- 백오이 1개(200g)

양념
- 애플사이다비네거 1큰술
  (또는 천연식초)
- 통깨 간 것 1큰술
- 검은깨 간 것 1작은술
- 소금 1/4작은술
- 원당 1작은술
- 다진 마늘 2작은술
- 참기름 1작은술

1. 오이는 방망이로 쪼개지도록 두들겨 먹기 좋은 크기로 썬다.
2. 큰 볼에 양념 재료를 넣어 골고루 섞는다.
3. ②의 볼에 오이를 넣어 버무린다.

MIND POINT
- 오이를 두드리면 향이 더 풍부해져요.
- 통깨, 검은깨를 듬뿍 섭취할 수 있어요.

다양한 쌈채소로 응용할 수 있는
쌈채소 들기름겉절이

10~15분 / 2인분

- 쌈채소 100g
  (상추, 치커리, 겨자잎,
  케일, 깻잎 등)
- 들기름 2큰술(또는 참기름)

양념
- 애플사이다비네거 1큰술
  (또는 천연식초)
- 원당 1/4작은술
- 고춧가루 1/2작은술
- 참치액 1작은술(또는 국간장)
- 들깨가루 1큰술
  (볶은 것, 또는 통깨 간 것)

1. 쌈채소는 먹기 좋은 크기로 썬다.
2. 작은 볼에 양념 재료를 넣어 섞어둔다.
   큰 볼에 쌈채소, 들기름을 넣어 골고루 버무린다.
3. ②의 볼에 섞어둔 양념을 넣어 한 번 더 섞는다.

💡 **Tip** / 겉절이에 들기름(또는 참기름)을 먼저 버무린 후
양념을 섞으면 겉절이 채소가 숨이 덜 죽어요.

MIND POINT
- 들기름, 들깨가루로 건강한 기름을 섭취해요.
- 쌈채소는 다양하게 응용해요.

> Part 2
> 채소 & 버섯
> 반찬

조미김으로 감칠맛을 더한
양배추 당근무침

5~10분 / 2인분

- 양배추 3장(90g)
- 당근 약 1/10개(20g)
- 도시락용 조미김 1팩(4g)
- 통깨 간 것 1작은술

1. 양배추, 당근은 0.3cm 두께로 채 썬다.
2. 도시락용 조미김은 위생팩에 넣어 잘게 부순다.
3. 큰 볼에 모든 재료를 넣고 골고루 섞는다.

💡 **Tip** / 조미김 대신 일반 김을 사용한다면 참기름과 소금을 추가하여 간을 맞추세요.

MIND POINT
- 항염채소 양배추를 듬뿍 먹을 수 있어요.
- 조미김의 양념만으로 맛을 냈어요.

가지를 구워 식감을 살린
가지구이무침

15~20분 / 2인분

- 가지 1개(200g)
- 올리브유 2큰술
- 송송 썬 실파 2큰술

양념

- 고춧가루 1/4작은술
- 통깨 간 것 2작은술
- 국간장 1/2작은술(또는 액젓)
- 들기름 1큰술

1 가지는 길게 반으로 썬 후 0.5cm 두께로 어슷 썬다.
  큰 볼에 양념 재료를 넣어 골고루 섞는다.

2 달군 팬에 올리브유를 두르고 가지를 올려 중간 불에서
  3~4분간 앞뒤로 노릇하게 굽는다.

3 ①의 볼에 구운 가지를 넣어 조물조물 무친 후 송송 썬 실파를 뿌린다.

MIND POINT
- 가지를 찌지 않고 올리브유에 구워서 무쳤어요.

Part 2
채소 & 버섯 반찬

생강과 베트남고추를 넣어 알싸하고 매콤한 풍미를 더한
연근냉채

MIND POINT
- 익히는 시간이 짧아 연근 본연의 맛을 느낄 수 있어요.
- 생강, 고추를 넣어 저당저염으로 색다른 풍미를 냈어요.

15~20분(+ 차게 식히기 1시간) / 2인분

- 연근 작은 것 1/2개(150g)
- 대파 흰 부분 1/6대(30g)
- 생강 1/2톨(작은 마늘 크기, 3g)
- 베트남고추 1개
  (또는 마른 고추 1/2개)
- 레몬 1/4개(또는 레몬즙 1큰술)
- 통후추 3~4알
- 올리브유 3큰술
- 소금 약간

양념
- 애플사이다비네거 2큰술
  (또는 천연식초)
- 원당 2작은술

1 연근은 껍질을 벗기고 얇게 모양대로 썬다.
   대파, 생강은 채 썰고, 베트남고추는 굵게 다진다.
   레몬은 슬라이스한다.

2 끓는 물에 소금, 연근을 넣어 중강 불에서 1분간 삶은 후
   체에 밭쳐 물기를 뺀다.

3 큰 볼에 연근, 대파, 생강, 베트남고추, 레몬, 통후추를 넣고 섞는다.

4 작은 팬에 올리브유를 넣고 끓인 후 ③에 골고루 뿌린다.

5 ④의 볼에 양념 재료를 넣고 섞은 후 냉장실에 넣어 1시간 정도
   차게 보관한다.

Part 2
채소 & 버섯 반찬

고소한 양념으로 색다르게 즐기는
우엉 당근무침

15~20분 / 2인분

- 우엉 1/2개(또는 연근, 150g)
- 당근 약 1/10개
  (또는 파프리카, 20g)
- 소금 약간

양념
- 통깨 2큰술
- 마요네즈 1큰술
- 양조간장 1작은술
- 애플사이다비네거 2작은술
  (또는 천연식초)
- 올리고당 1작은술

1. 우엉은 껍질을 벗기고 길게 반으로 썬 후 0.2cm 두께로 어슷 썬다. 당근도 우엉과 같은 크기로 썬다.
2. 끓는 물에 소금을 넣고 우엉, 당근을 넣어 중간 불에서 2~3분간 데친 후 체에 밭쳐 물기를 뺀다.
3. 블렌더에 통깨를 넣고 곱게 간다. 큰 볼에 간 통깨를 담고 나머지 양념 재료와 골고루 섞는다.
4. ③의 볼에 우엉, 당근을 넣어 무친다.

MIND POINT
- 소금, 설탕 대신 간장, 올리고당으로 맛을 냈어요.
- 마요네즈는 올리브유로 만든 것을 추천해요.

💡 **Tip** / 우엉은 너무 두꺼운 것은 가운데 바람이 들 수 있고 질길 수 있으니 엄지손가락 정도 두께의 것을 고르세요.

수분감 가득한 냉채 스타일의
토마토 양파 땅콩무침

15~20분 / 2인분

- 토마토 작은 것 2개
  (또는 방울토마토, 300g)
- 적양파 1/4개(또는 양파)
- 땅콩 3큰술(또는 캐슈넛, 30g)

양념
- 올리브유 2큰술
- 양조간장 1/2작은술
- 후춧가루 약간

1 토마토는 6~8등분한다.
2 적양파는 0.3cm 두께로 채 썰어 찬물에 10분간 담갔다가 물기를 뺀다. 땅콩을 굵게 다진다.
3 큰 볼에 양념 재료를 넣어 골고루 섞는다.
4 ③의 볼에 토마토, 적양파를 넣어 버무린 후 땅콩을 뿌린다.

MIND POINT
- 토마토를 반찬으로 색다르게 즐겨요.
- 견과류를 넣어 식감과 영양을 더했어요.

Tip / 완숙토마토보다는 단단한 토마토를 사용해야 물이 많이 생기지 않고 아삭하게 먹을 수 있어요.

> Part 2
> 채소 & 버섯
> 반찬

들기름과 된장으로 감칠맛을 살린
브로콜리 들깨무침

MIND POINT
- 항염채소 브로콜리를 듬뿍 먹을 수 있어요.
- 들기름, 들깨가루로 건강한 기름을 섭취해요.

10~15분 / 2인분

- 브로콜리 1/2송이
  (또는 컬리플라워, 150g)
- 소금 약간

양념
- 된장 1큰술
- 들기름 2큰술
- 들깨가루 2큰술

1 브로콜리는 한입 크기로 썬다.
  끓는 물에 소금, 브로콜리를 넣고 센 불에서 1~2분간 데친 후 찬물에 헹궈 물기를 제거한다.

2 큰 볼에 양념 재료를 넣어 골고루 섞는다.

3 ②의 볼에 브로콜리를 넣어 버무린다.

💡 **Tip** / 브로콜리 줄기는 겉의 질긴 섬유질을 제거하고 데치면 아삭한 식감이 좋으니 버지리 말고 사용하세요.

Part 2
채소 & 버섯
반찬

아삭하게 찐 청경채에 중국식 소스를 더해 가볍게 즐기는
청경채찜

MIND POINT
- 찜 조리로 영양소 손실을 최소화해요.
- 소스를 찍어 먹으면 나트륨 섭취를 줄일 수 있어요.

10~15분 / 2인분

- 청경채 5개
  (또는 알배추 1/4통, 200g)
- 양파 1/4개
- 풋고추 1/2개
- 홍고추 1/2개

소스

- 애플사이다비네거 3큰술
  (또는 천연식초)
- 양조간장 1큰술
- 올리고당 1큰술
- 물 1큰술
- 굴소스 1/2작은술
- 고추기름 1작은술(또는 들기름)
- 후춧가루 약간

1. 청경채는 2등분한다.
   양파는 다지고 풋고추, 홍고추는 반으로 갈라 씨째 송송 썬다.
2. 김이 오른 찜기에 청경채를 넣어 중강 불에서 2~3분간 찐다.
3. 볼에 소스 재료를 넣어 섞은 후 양파, 풋고추, 홍고추를 넣고 섞는다.
4. 그릇에 청경채를 가지런히 담고 소스를 골고루 뿌리거나 곁들인다.

💡 **Tip** / 찜기가 없다면 끓는 물에 청경채, 소금을 넣고 센 불에서 1~2분간 데쳐서 물기를 빼고 사용하세요.

1

3

Part 2
채소 & 버섯
반찬

통밀가루를 묻혀 더욱 부드러운 식감으로 즐기는
꽈리고추 가지찜

MIND POINT
- 찜 조리로 영양소 손실을 최소화해요.
- 통밀가루를 묻혀 쪄야 양념이 잘 배요.

20~25분 / 2인분

- 꽈리고추 20개(또는 마늘종, 100g)
- 가지 1개(또는 감자, 200g)
- 통밀가루 2큰술(또는 찹쌀가루)
- 실파 2줄기(20g)

양념
- 참치액 1큰술(또는 국간장)
- 들기름 2큰술
- 고춧가루 1/2작은술
- 맛술 1작은술

1 꽈리고추는 2등분하고, 가지는 길게 반으로 썬 후 0.5cm 두께로 어슷 썬다. 실파는 송송 썬다.

2 큰 볼에 꽈리고추, 가지를 넣고 통밀가루를 뿌려 골고루 버무린다.

3 다른 큰 볼에 양념 재료를 넣어 골고루 섞는다.

4 김이 오른 찜기에 ②를 넣어 중강 불에서 3~4분간 찐 후 한 김 식힌다.

5 ③의 볼에 꽈리고추, 가지를 넣어 버무린 후 실파를 넣어 무친다.

💡 **Tip** / 감자를 활용할 때는 젓가락 두께로 채 썰어서 찐 후 사용하세요.

1

4

Part 2
채소 & 버섯
반찬

숙주의 아삭한 식감을 살려 담백하게 볶은
숙주 달걀볶음

MIND POINT
- 들기름을 듬뿍 넣어 볶았어요.
- 채소, 단백질 재료 모두 풍부해요.

15~20분 / 2인분

- 달걀 2개
- 숙주 2줌(100g)
- 마늘 2쪽(10g)
- 대파 1/6대(30g)
- 들기름 2큰술 + 1큰술
  (또는 올리브유)
- 굴소스 1작은술(또는 액젓)
- 소금 약간
- 후춧가루 약간
- 통깨 1/2작은술

1 볼에 달걀, 소금, 후춧가루를 넣어 잘 푼다.
   마늘은 편 썰고, 대파는 송송 썬다.

2 달군 팬에 들기름(2큰술)을 두르고 마늘, 대파를 넣어
   중간 불에서 1분간 볶는다. 중강 불로 올려 숙주를 넣고
   2~3분간 볶은 후 굴소스로 간을 한다.

3 숙주를 팬의 한쪽으로 밀어두고 중간 불로 줄여 달걀물을 부어
   1~2분간 스크램블한다.

4 숙주와 달걀을 섞고 불을 끈 후 들기름(1큰술)을 넣고 섞은 후
   통깨를 뿌린다.

💡 **Tip** / 볶음요리에서는 기름을 처음부터 모두 다 두르지 말고
1큰술 정도 남겨 마지막에 섞어주면 음식에 윤기도 나고 향도 좋아요.

2

3

> Part 2
> 채소 & 버섯
> 반찬

아삭한 파프리카와 쫄깃한 새우의 알싸한 조합
파프리카 새우 겨자무침

MIND POINT
- 다양한 색의 채소를 사용했어요.
- 소스에 올리브유를 더했어요.

20~25분 / 2인분

- 빨강 파프리카 1/2개
- 노랑 파프리카 1/2개
- 초록 피망 약간
- 냉동 생새우살 10마리
  (또는 오징어 1/2마리)
- 소금 약간
- 검은깨 약간(또는 통깨)

겨자소스

- 연겨자 2작은술
- 애플사이다비네거 2큰술
  (또는 천연식초)
- 올리고당 1큰술
- 올리브유 1큰술
- 양조간장 1/2작은술
- 소금 약간

1 파프리카, 피망은 0.5cm 두께로 채 썬다.
   냉동 생새우살은 찬물에 10분간 담가 해동한다.

2 끓는 물에 소금을 넣고 생새우살을 넣어 2~3분간 데친 후
   체에 밭쳐 식힌다.

3 생새우살은 반으로 포를 뜬다.

4 큰 볼에 연겨자, 애플사이다비네거를 넣어 멍우리가 없이 잘 풀어준 후
   나머지 양념을 넣어 골고루 섞는다.

5 ④의 볼에 파프리카, 새우살을 넣어 살살 버무린 후 검은깨를 뿌린다.

💡 **Tip** / 겨자소스를 만들 때는 액체 양념에 겨자를 먼저 넣어
잘 풀어줘야 멍우리가 생기지 않아요. 양조간장, 식초 등의 액체를 넣어
곱게 풀고 소금, 원당과 같은 가루를 넣어 섞으세요.

3

5

표고버섯 향을 온전히 즐길 수 있는
통포고버섯 들기름구이

5~10분 / 2인분

- 표고버섯 작은 것 12개
  (또는 참송이버섯, 200g)
- 실파 2줄기(30g)
- 들기름 2큰술
- 통깨 1작은술

양념
- 양조간장 1큰술
- 애플사이다비네거 2작은술
  (또는 천연식초)
- 다진 생강 약간

1. 표고버섯은 기둥을 떼어내고 실파는 송송 썬다. 볼에 양념 재료를 넣어 섞는다.
   *버섯 위를 별 모양처럼 얇게 잘라내면 구웠을 때 더 예뻐요.
2. 달군 팬에 들기름을 두르고 표고버섯을 올려 중간 불에서 앞뒤로 뒤집어가며 4~5분간 노릇하게 굽는다.
3. 그릇에 표고버섯을 담고 양념을 끼얹고 실파, 통깨를 뿌린다.

MIND POINT
- 양념을 생략하고 버섯을 구운 후 간장만 찍어 담백하게 즐겨도 좋아요.
- 들기름 대신 올리브유로 구워도 잘 어울려요.

버섯에 칼집을 넣어 간이 쏙 밴
새송이버섯조림

10~15분 / 2인분

- 새송이버섯 3개(250g)
- 풋고추 1개
- 올리브유 2큰술
- 통깨 1/2큰술

양념

- 양조간장 2큰술
- 맛술 1큰술
- 올리고당 1큰술
- 물 4큰술
- 굴소스 1/2작은술

1. 새송이버섯은 2cm 두께로 썰어 한쪽 면에 잔칼집을 넣는다. 풋고추는 씨째 송송 썬다.
2. 달군 팬에 올리브유를 두르고 새송이버섯을 올려 중간 불에서 앞뒤로 3~4분간 구운 후 덜어둔다.
3. ②의 팬에 양념 재료를 넣고 끓으면 새송이버섯, 풋고추를 넣어 중간 불에서 2~3분간 졸인다. 그릇에 담고 통깨를 뿌린다.

MIND POINT
- 새송이버섯 대신 표고버섯으로 만들어도 좋아요.
- 올리브유로 구워 함께 섭취할 수 있어요.

Part 2
채소 & 버섯
반찬

치매와 당뇨 예방에 효능이 있는 노루궁뎅이버섯을 듬뿍 넣은
노루궁뎅이버섯 애호박볶음

MIND POINT
- 뇌 건강에 좋다고 알려진 노루궁뎅이버섯 반찬이에요.
- 들기름을 넉넉히 둘러 볶았어요.

15~20분 / 2인분

- 노루궁뎅이버섯 2개
  (또는 새송이버섯, 양송이버섯, 150g)
- 애호박 1/4개(50g)
- 양파 1/6개(30g)
- 홍고추 1/3개
- 들기름 2큰술
- 국간장 1작은술
- 다진 마늘 1작은술
- 통깨 1/2큰술
- 소금 약간
- 후춧가루 약간

1 노루궁뎅이버섯은 손으로 먹기 좋게 뜯는다. 애호박은 0.2cm 두께의 반달 모양으로 썰고, 양파, 홍고추는 0.2cm 두께로 채 썬다.

2 달군 팬에 들기름을 두르고 양파, 애호박을 넣고 중간 불에서 1~2분간 볶다가 국간장, 다진 마늘을 넣고 뚜껑을 덮어 약한 불에서 2~3분간 익힌다.

3 애호박이 익으면 노루궁뎅이버섯을 넣어 중간 불에서 1~2분간 볶다가 홍고추를 넣는다.

4 통깨를 넣고 소금, 후춧가루로 간한다.

Tip / 노루궁뎅이버섯은 물에 담가 두면 버섯의 향이 떨어지고 수분을 흡수해 볶을 때 물이 많이 생기니 흐르는 물에 가볍게 씻으세요.

1

3

> Part 2
> 채소 & 버섯 반찬

다양한 버섯을 듬뿍 넣어 만드는
버섯잡채

MIND POINT
- 다양한 버섯과 채소를 한번에 즐길 수 있어요.
- 들기름을 넉넉히 둘러 볶았어요.

20~25분 / 2인분

- 모둠 버섯 250g
  (표고버섯, 새송이버섯,
  느타리버섯, 팽이버섯 등)
- 양파 1/4개
- 초록 피망 1/4개
- 노랑 파프리카 1/4개
- 당근 약간
- 들기름 1큰술 + 1큰술
- 소금 약간
- 후춧가루 약간
- 통깨 1큰술

양념
- 굴소스 1작은술
- 고추기름 1작은술(또는 들기름)
- 후춧가루 약간

1 표고버섯, 새송이버섯은 0.5cm 두께로 채 썬다.
  느타리버섯, 팽이버섯은 밑동을 제거하고 가닥가닥 뜯는다.

2 양파, 피망, 파프리카, 당근은 0.3cm 두께로 채 썬다.

3 달군 팬에 들기름(1큰술)을 두르고 양파를 넣어 중간 불에서 30초~1분,
  피망, 파프리카, 당근을 넣어 좀 더 볶다가 소금, 후춧가루로 간을 한 후
  덜어둔다.

4 ③의 팬에 들기름(1큰술)을 두르고 다시 달군 후 표고버섯,
  새송이버섯을 넣어 중간 불에서 1분, 느타리버섯, 팽이버섯을 넣어
  2분간 더 볶은 후 양념 재료를 넣어 볶는다.

5 ④에 ③의 볶은 채소를 넣어 섞은 후 통깨를 뿌린다.

Tip / 2인분 이상의 많은 재료를 볶을 때는 버섯과 채소를 각각 볶아야
아삭하게 볶아지면서 수분이 생기지 않아요.

1

4

Part 2
채소 & 버섯
반찬

쫄깃한 버섯의 식감을 살린
버섯 달걀전

MIND POINT
- 다양한 버섯을 듬뿍 먹을 수 있어요.
- 식이섬유가 풍부해요.
- 올리브유로 구워 함께 섭취할 수 있어요.

10~15분 / 2인분

- 모둠 버섯 200g
  (노루궁뎅이버섯,
  표고버섯, 팽이버섯 등)
- 대파 1/2대
  (또는 실파 3~4줄기)
- 달걀 2개
- 통밀가루 1큰술(또는 찹쌀가루)
- 소금 약간
- 올리브유 2~3큰술

1 모둠 버섯은 굵게 다진다. 대파는 송송 썬다.
2 볼에 통밀가루, 모둠 버섯을 넣어 섞는다.
3 달걀 푼 것, 대파를 ②의 볼에 넣고 골고루 섞은 후 소금으로 간한다.
4 달군 팬에 올리브유 두르고 ③을 1큰술씩 올려 중간 불에서 1~2분간 앞뒤로 노릇하게 굽는다.

💡 **Tip** / 기호에 따라 초간장을 곁들여도 좋아요.

1

3

Part 2 두부 & 콩 반찬

조린 톳을 넣어 식감과 맛을 살린
두부 톳무침

MIND POINT
- 미네랄이 풍부한 해조류 반찬이에요.
- 두부와 참기름으로 고소한 맛을 더해 저염으로 만들었어요.

10~15분 / 2인분

- 두부 작은 팩 1/2모(100g)
- 마른 톳 3큰술
- 참기름 1큰술
- 통깨 간 것 1큰술
- 소금 약간

톳조림 양념
- 양조간장 1큰술
- 물 1큰술
- 맛술 1작은술

1 볼에 마른 톳, 찬물을 넣어 5분간 불린 후 건져서 물기를 꼭 짠다.
2 냄비에 톳조림 양념, 톳을 넣어 중간 불에서 2~3분간 졸인 후 한 김 식힌다.
3 두부는 키친타월에 올려 물기를 제거하고 칼등으로 곱게 으깬다.
4 큰 볼에 두부, 참기름, 통깨 간 것, 소금을 넣어 무친다.
5 ④의 볼에 ②를 넣어 무친다.

💡 **Tip** / 취나물, 참나물, 쑥갓 등을 데쳐서 나물로 무친 후 으깬 두부를 섞으면 두부의 고소한 맛이 더해져 더 맛있게 먹을 수 있어요.

Part 2
두부 & 콩
반찬

국 대신 활용하기 좋은 촉촉한 저염 반찬
순두부 달걀찜

MIND POINT
- 두부, 달걀로 식물성과 동물성 단백질을 함께 섭취할 수 있어요.
- 집에 있는 자투리 채소와 버섯을 더해 다양하게 만들어요.

10~15분 / 2인분

- 순두부 1/2팩
  (또는 연두부 1팩, 200g)
- 달걀 3개
- 당근 약 1/10개(20g)
- 실파 2줄기(20g)
- 참치액 1큰술(또는 새우젓)
- 물 1/4컵(50㎖)
- 참기름 1큰술

1. 당근은 다지고, 실파는 송송 썬다.
2. 볼에 달걀, 당근, 실파, 참치액, 물을 넣어 골고루 섞는다.
3. 전자레인지 용기 2개에 참기름을 고루 바르고 순두부를 1/2분량씩 넣은 후 숟가락이나 칼로 2cm 폭이 되게 썬다.
4. ③의 용기에 달걀물을 1/2분량씩 붓고 뚜껑이나 접시로 덮은 후 전자레인지에서 2분간 익힌다. 10초간 쉰 후 2분간 더 익힌다.

💡 **Tip** / 달걀찜용 전자레인지 용기는 깊은 것보다 넓은 것이 좋아요.

1

4

Part 2
두부 & 콩
반찬

감칠맛 나는 소스를 곁들여 든든하게 즐기는
연두부 브로콜리볶음

MIND POINT
- 두부, 고기로 식물성과 동물성 단백질을 함께 섭취할 수 있어요.
- 항염채소 브로콜리를 더했어요.
- 슴슴하게 양념하는 대신 향신채소로 풍미를 냈어요.

15~20분 / 2인분

- 연두부 1모(또는 두부, 250g)
- 브로콜리 1/4송이(80g)
- 다진 돼지고기 50g
- 다진 대파 1/6대분
- 다진 마늘 1작은술
- 다진 생강 약간
- 올리브유 1큰술
- 참기름 1/2큰술
- 소금 약간
- 후춧가루 약간

양념
- 두반장 1작은술
- 굴소스 1큰술
- 청주 1큰술(또는 맛술)
- 물 1/2컵(100㎖)

녹말물
- 물 1큰술
- 녹말가루 1작은술

1 브로콜리는 한입 크기로 썬다.
끓는 물에 소금, 브로콜리를 넣고 30초간 데친 후 찬물에 헹궈 물기를 제거한다. 볼에 녹말물 재료를 넣어 섞는다.

2 달군 팬에 올리브유를 두르고 다진 대파, 다진 마늘, 다진 생강을 넣어 중간 불에서 20초간 볶다가 다진 돼지고기를 넣고 중강 불로 올려 1분간 더 볶는다.

3 ②에 양념 재료를 넣어 중강 불에서 끓인 후 브로콜리를 넣고 1분간 더 끓인다. 녹말물을 잘 섞어 넣고 저어가며 걸쭉하게 농도를 낸 후 참기름, 후춧가루를 넣어 섞는다.

4 연두부를 전자레인지에 넣어 1분간 데운 후 연두부 위에 ③을 올린다.

Tip / 연두부를 전자레인지에 데우는 대신 ③의 팬에 넣고 부스러지지 않도록 살살 섞으며 익혀도 돼요.

Part 2
두부 & 콩
반찬

구운 두부에 명란을 올려 폼나게 즐기는
두부 명란구이

MIND POINT
- 저염 명란을 활용해 간편하게 맛을 내면서 염도를 낮췄어요.
- 두부를 노릇하게 들기름에 구웠어요.

10~15분 / 2인분

- 두부 작은 팩 1모(200g)
- 저염 명란 약 1과 1/2개(50g)
- 실파 1줄기(10g)
- 들기름 1큰술
- 통깨 약간

1 두부는 길게 2등분하여 키친타월에 올려 물기를 제거한다.

2 저염 명란은 껍질을 벗기고 부드럽게 으깬다.
실파는 송송 썬다.

3 달군 팬에 들기름을 두르고 두부를 올려 중간 불에서 3~4분간 앞뒤로 노릇하게 굽는다.

4 구운 두부에 저염 명란을 펴바르고 실파, 통깨를 뿌린다.

💡 **Tip** / 저염 명란이 없다면, 일반 명란의 겉에 붙은 양념을 씻어낸 후 요리하세요.

Part 2
두부 & 콩
반찬

해물과 양배추에 두부까지 더해 든든하게 즐기는
두부 오꼬노미야끼

MIND POINT
- 돼지고기 대신 두부와 해산물로 만들었어요.
- 항염채소 양배추를 넉넉히 더했어요.
- 마요네즈는 올리브유로 만든 것을 선택해요.

20~25분 / 2인분

- 두부 작은 팩 1/2모(100g)
- 양배추 2장(60g)
- 양파 1/6개(30g)
- 오징어 1/4마리
  (또는 생새우살, 50g)
- 달걀 1개
- 녹말가루 2큰술
- 소금 약간
- 후춧가루 약간
- 올리브유 2큰술
- 돈가스소스 1큰술
- 마요네즈 1큰술
- 가쓰오부시 약간(생략 가능)
- 파슬리 가루 약간(생략 가능)

1 두부는 키친타월에 올려 물기를 제거하고 칼등으로 으깬다.
2 양배추, 양파는 0.2cm 두께로 채 썰고,
  오징어는 손질하여 0.3cm 두께로 채 썬다.
3 볼에 두부, 달걀을 넣어 골고루 섞은 후 소금, 후춧가루로 간을 한다.
4 ③에 양배추, 양파, 녹말가루를 넣어 한 번 더 섞는다.
5 달군 팬에 올리브유를 두르고 ④를 넓게 펼쳐 올린 후
  오징어를 올려 꼭꼭 눌러 중간 불에서 2~3분간 익힌다.
6 뒤집어서 1~2분간 더 익힌 후 그릇에 담는다.
  돈가스소스를 펴 바르고 마요네즈, 가쓰오부시, 파슬리 가루를 뿌린다.

> Part 2
> 두부 & 콩
> 반찬

중화풍 소스로 색다르게 즐기는 별미 두부반찬
깐풍두부

MIND POINT
- 두부를 올리브유로 구워 요리했어요.
- 소스에 채소를 넣어 식이섬유, 식감을 더하고 덜단덜짠으로 만들었어요.

20~25분 / 2인분

- 두부 1모(300g)
- 양파 1/6개(30g)
- 풋고추 1/2개
- 홍고추 1/2개
- 표고버섯 1개
- 마늘 2쪽(10g)
- 대파 1/4대
- 마른 고추 1개
  (또는 베트남고추 2개)
- 녹말가루 3큰술
- 올리브유 2~3큰술
- 고추기름 1큰술(또는 올리브유)

양념
- 물 1/2컵(100㎖)
- 양조간장 2큰술
- 애플사이다비네거 1큰술
  (또는 천연식초)
- 올리고당 1큰술
- 소금 약간
- 후춧가루 약간

1 두부는 큼직하게 6등분한 후 키친타월에 올려 물기를 제거한다.
  볼에 양념 재료를 넣고 골고루 섞는다.

2 양파, 풋고추, 홍고추, 표고버섯은 사방 1cm 크기로 썰고,
  마늘, 대파는 잘게 다진다. 마른 고추는 1cm 폭으로 썬다.

3 두부에 녹말가루를 골고루 입힌다.
  달군 팬에 올리브유를 두르고 두부를 올려
  중간 불에서 2~3분간 앞뒤로 노릇하게 구운 후 덜어둔다.

4 ③의 팬을 계속 달궈 고추기름을 두르고
  마늘, 대파, 마른 고추를 넣어 중간 불에서 1분간 볶는다.
  양파, 풋고추, 홍고추, 표고버섯을 넣고 2분간 더 볶는다.

5 ④에 양념을 넣고 끓으면 두부를 넣어 중간 불에서 2~3분간
  윤기나게 조린다.

💡 **Tip** / 기호에 따라 마무리할 때 참기름이나 고추기름 1작은술을 넣으면 풍미가 더욱 살아나요.

Part 2 두부 & 콩 반찬

남은 멸치조림을 활용한
두부 멸치조림

15~20분 / 2인분

- 두부 작은 팩 1모(200g)
- 멸치조림 약 3큰술
  (또는 볶은 잔멸치, 30g)
- 풋고추 1/2개
- 들기름 2큰술
- 통깨 1작은술

양념
- 양조간장 1큰술
- 물 1큰술
- 맛술 1작은술

1. 두부는 1cm 두께로 썰고 키친타월에 올려 물기를 제거한다. 풋고추는 반으로 갈라 씨째 어슷 썬다.
2. 달군 팬에 들기름을 두르고 두부를 올려 중간 불에서 3~4분간 앞뒤로 노릇하게 굽는다.
3. ②에 양념 재료를 넣어 1~2분간 조린 후 멸치조림, 풋고추를 넣어 좀 더 조린 후 통깨를 뿌린다.

MIND POINT
- 두부를 들기름에 구워 요리했어요.
- 단백질 재료 두부에 멸치를 더해 맛과 영양이 풍부해요.

💡 **Tip /** 멸치조림이 없을 때는 동량의 잔멸치를 기름을 두르지 않은 팬에서 중간 불로 볶아 비린내를 날린 후 넣으세요.

은은한 카레향이 색다른
두부 버섯 강황조림

15~20분 / 2인분

- 두부 1모(300g)
- 표고버섯 2개
- 들기름 2큰술
- 물 3/4컵(150㎖)
- 송송 썬 실파 약간

양념
- 양조간장 2큰술
- 맛술 1큰술
- 강황가루 1작은술
- 올리고당 2작은술

1 두부는 1cm 두께로 썰어 키친타월에 올려 물기를 제거한다.

2 표고버섯은 기둥을 떼어내고 0.5cm 두께로 썰고, 양념 재료는 섞어둔다.

3 달군 팬에 들기름을 두르고 두부를 올려 중간 불에서 3~4분간 앞뒤로 노릇하게 굽는다.

4 ③에 섞어둔 양념, 물을 넣고 중간 불에서 2~3분간 끓인다.

5 표고버섯을 넣고 양념을 끼얹어가며 1~2분간 더 조린 후 송송 썬 실파를 뿌린다.

MIND POINT
- 뇌 건강에 도움되는 강황을 양념에 더했어요.
- 단백질 재료 두부에 버섯을 더해 맛과 영양이 풍부해요.

💡 **Tip** / 구워서 먹고 남은 두부를 활용해도 좋아요.

> Part 2
> 두부 & 콩
> 반찬

고소한 견과와 씨앗을 듬뿍 넣은
땅콩 호두조림

15~20분 / 2인분

- 생땅콩 1/2컵(80g)
- 호두 1/4컵(40g)
- 호박씨 1큰술
- 통깨 1작은술

양념

- 양조간장 2큰술
- 맛술 1큰술
- 올리고당 1큰술
- 물 1/2컵(100㎖)

1. 끓는 물에 생땅콩, 호두를 넣어 중강 불에서 2~3분간 끓인 후 체에 밭쳐 물기를 뺀다.
2. 냄비에 양념 재료를 넣어 섞은 후 생땅콩, 호두를 넣어 중강 불에서 끓인다. 끓기 시작하면 중간 불로 줄여 7~8분간 조린다.
3. 국물이 거의 졸아들면 호박씨를 넣어 물기가 없어지도록 조린 후 통깨를 넣어 섞는다.

MIND POINT
- 좋은 지방이 풍부한 견과류와 씨앗류를 함께 넣었어요.
- 올리고당으로 단맛을 냈어요.

쫄깃한 곤약으로 포만감을 더한
곤약 병아리콩조림

15~20분(+ 콩 불리기 1시간) / 2인분

- 병아리콩 1/4컵(또는 흰콩, 40g)
- 마른 표고버섯 2개
- 곤약 100g
- 당근 약 1/6개(30g)

양념
- 다시마 5×5cm 1장
- 물 1/4컵(50㎖)
- 양조간장 3큰술
- 맛술 1큰술
- 원당 1작은술
- 올리고당 2작은술

1. 병아리콩은 1시간 정도 불린 후 체에 밭쳐 물기를 뺀다.
2. 볼에 미지근한 물을 담고 마른 표고버섯을 넣어 10분간 불린 후 기둥을 떼어낸다.
3. 곤약, 당근, 표고버섯은 병아리콩 크기로 썬다.
4. 냄비에 양념 재료를 넣어 중간 불에서 1분간 끓인 후 다시마를 건져낸다. 다시마는 다른 재료 크기로 썬다.
5. ④에 병아리콩, 표고버섯, 곤약, 당근을 넣어 중간 불에서 10분간 조린 후 다시마를 넣고 1분간 더 조린다.

MIND POINT
- 당근, 곤약, 다시마로 식이섬유를 더했어요.
- 콩 단백질이 가득해 든든해요.
- 매일 조금씩 섭취해 영양소를 채우세요.

💡 **Tip** / 곤약에는 칼륨과 인이 함유되어 있어 신장 기능이 저하된 경우에는 섭취를 주의해야 해요.

Part 2
두부 & 콩
반찬

대두를 갈아 넣어 더욱 고소하고 든든한
채소콩전

MIND POINT
- 콩 단백질을 채소와 함께 맛있게 먹을 수 있어요.
- 재료 접착을 위해 통밀가루를 더했어요.
- 올리브유로 구워 함께 섭취할 수 있어요.

20~25분(+ 콩 불리기 2시간) / 2인분

- 대두 1/2컵(또는 병아리콩, 80g)
- 양파 1/4개(50g)
- 당근 약 1/10개(20g)
- 실파 2~3줄기(20g)
- 팽이버섯 40g
- 통밀가루 2~3큰술(또는 부침가루)
- 소금 1/4작은술
- 후춧가루 약간
- 올리브유 3~4큰술

1 대두는 2시간 정도 불려서 물기를 뺀다.
  블렌더에 대두, 물(2~3큰술)을 넣어 곱게 간다.

2 양파, 당근은 잘게 다지고 실파, 팽이버섯은 송송 썬다.

3 볼에 ①의 콩 간 것, 통밀가루, 소금, 후춧가루를 넣어 섞은 후 다진 채소, 팽이버섯을 넣어 골고루 섞는다.

4 달군 팬에 올리브유를 두르고 ③을 1큰술씩 올려 중간 불에서 2~3분간 앞뒤로 노릇하게 굽는다.

Tip / 콩전은 부칠 때 누르지 않고 부쳐야 씹히는 식감이 좋아요.

Part 2
닭 & 오리고기 반찬

담백한 닭가슴살에 두 가지 소스를 곁들인
닭고기 채소쌈

MIND POINT
- 불조리 없이 만들어 간단해요.
- 단백질이 가득해 든든해요.
- 쌈채소는 다양하게 응용해요.

15~20분 / 2인분

- 시판 익힌 닭가슴살 2조각
  (또는 닭다리살, 200g)
- 양상추 1/4통(또는 로메인, 100g)
- 방울토마토 4~5개(60g)
- 적양파 1/4개(또는 양파, 50g)

겨자 소스
- 연겨자 1/2작은술
- 양조간장 1작은술
- 원당 1작은술
- 다진 마늘 1작은술
- 애플사이다비네거 1큰술
  (또는 천연식초)

홀그레인 머스터드 소스
- 홀그레인 머스터드 1작은술
- 원당 2작은술
- 올리브유 1큰술
- 애플사이다비네거 2큰술
  (또는 천연식초)

1 양상추는 쌈으로 싸서 먹을 수 있도록 한 장씩 떼어둔다.

2 방울토마토는 2등분하고, 적양파는 채 썬 후 찬물에 담가
  매운맛을 제거하고 체에 밭쳐 물기를 뺀다.
  닭가슴살은 얇게 썬다.

3 볼에 겨자 소스, 홀그레인 머스터드 소스 재료를 각각 넣어 섞는다.
  * 기호에 맞는 소스를 한 가지만 준비하거나 쌈장 등을 곁들여도 돼요.

4 그릇에 모든 재료를 돌려 담고 소스를 곁들인다.

Tip / 익히지 않은 닭고기는 끓는 물에 월계수잎과 함께 넣고
7~8분간 삶거나 200℃의 오븐에서 10~12분간 구워 활용해요.

1

2

Part 2
닭 & 오리고기 반찬

닭안심을 촉촉하게 볶아 담백하게 즐기는
닭고기 캐슈넛볶음

MIND POINT
- 캐슈넛이 듬뿍 들어가 고소해요.
- 단백질이 가득해 든든해요.

15~20분 / 2인분

- 닭안심 6조각
  (또는 닭가슴살 1조각, 120g)
- 양파 1/4개(50g)
- 초록 피망 1/4개(30g)
- 빨강 파프리카 1/4개(50g)
- 캐슈넛 1/4컵
  (또는 다른 견과류, 30g)
- 올리브유 1큰술

닭안심 양념
- 청주 1작은술
- 후춧가루 약간
- 녹말가루 1큰술

볶음 양념
- 맛술 2큰술
- 굴소스 1작은술
- 원당 1/2작은술
- 애플사이다비네거 2작은술
  (또는 천연식초)

1 양파, 피망, 파프리카는 2×3cm 크기로 썬다.
볼에 볶음 양념 재료를 넣어 섞어둔다.

2 닭안심은 포를 뜨듯이 납작하게 썬다.
볼에 닭안심 양념 재료를 넣어 섞은 후 닭안심과 버무린다.

3 달군 팬에 올리브유를 두르고 양파를 올려 중간 불에서 1분간 볶은 후 닭안심을 넣고 앞뒤로 노릇하게 2~3분간 더 익힌다.

4 피망, 파프리카를 넣어 1분간 더 볶는다.

5 볶음 양념을 넣고 윤기나게 볶은 후 캐슈넛을 넣어 1분간 더 볶는다.

Tip / 기호에 따라 마지막에 참기름이나 고추기름 1작은술을 넣어주면 윤기나는 볶음이 완성됩니다.

2

5

Part 2
닭 & 오리고기
반찬

다양한 채소를 듬뿍 넣어 중화풍 소스로 볶아낸
닭고기 가지볶음

MIND POINT
- 다양한 채소를 한번에 섭취할 수 있어요.
- 단백질이 가득해 든든해요.

20~25분 / 2인분

- 닭가슴살 1조각
  (또는 쇠고기, 돼지고기, 120g)
- 가지 1개(200g)
- 양파 1/4개(50g)
- 방울토마토 3~4개
  (또는 토마토 1/2개, 60g)
- 껍질콩 5~6개
  (또는 꽈리고추, 마늘종, 30g)
- 다진 마늘 1큰술
- 다진 생강 약간
- 베트남고추 2개
  (또는 마른 고추 1/2개)
- 올리브유 2큰술
- 통깨 1작은술

양념
- 양조간장 2큰술
- 청주 1큰술
- 굴소스 1작은술
- 소금 약간
- 후춧가루 약간

1. 가지는 1cm 두께로 썰고, 양파는 2cm 폭으로 썬다.
   방울토마토는 2등분하고 껍질콩은 긴 것만 2등분한다.
2. 닭가슴살은 0.5cm 두께로 포를 뜨듯이 썬다.
   볼에 양념 재료를 넣어 섞어둔다.
3. 달군 팬에 올리브유를 두르고 다진 마늘, 다진 생강, 베트남고추를 넣어
   중간 불에서 30초간 볶다가 닭가슴살을 넣어 1~2분간 더 볶는다.
4. 가지, 양파를 넣어 중간 불에서 3~4분간 볶은 후 양념을 넣어 섞는다.
5. 방울토마토, 껍질콩을 넣고 중강 불로 올려 1~2분간 더 볶은 후
   통깨를 뿌린다.

1

5

Part 2 닭 & 오리고기 반찬

닭다리살을 잘게 다져 부드럽고 쫄깃한 별미 전
닭고기전과 파무침

MIND POINT
- 대파 대신 미나리, 부추을 무쳐도 맛있어요.
- 올리브유를 넉넉히 두르고 전을 부쳤어요.
- 더 담백하게 즐기고 싶다면 닭가슴살이나 닭안심으로 만들어요.

20~25분 / 2인분

- 닭다리살 1과 1/2조각
  (또는 닭가슴살, 200g)
- 풋고추 1개(또는 청양고추)
- 대파 흰 부분 1대
  (또는 양파 1/2개)
- 녹말가루 3~4큰술(또는 부침가루)
- 물 1/4컵(50㎖)
- 올리브유 2~3큰술
- 검은깨 약간(또는 통깨)

닭고기 양념
- 청주 1큰술
- 참치액 1작은술
- 다진 마늘 1작은술
- 소금 약간
- 후춧가루 약간

파무침 양념
- 고춧가루 1/2작은술
- 들기름 1큰술
- 국간장 1/4작은술(또는 참치액)

1 대파는 채 썰어 찬물에 10분간 담가 물기를 뺀다.
  풋고추는 씨째 송송 썬다.
2 닭다리살은 사방 1cm 크기로 썰어서 닭고기 양념에 버무려
  5분간 재워둔다.
3 ②에 풋고추를 넣어 섞고 녹말가루, 물을 넣어 반죽한다.
4 달군 팬에 올리브유를 두르고 ③을 넓게 편 후
  중간 불에서 앞뒤로 4~5분간 노릇하게 굽는다.
5 볼에 대파채, 파무침 양념을 넣어 버무린다.
6 닭고기전 위에 파무침을 올리고 검은깨를 뿌린다.

Part 2
닭 & 오리고기
반찬

베트남고추로 매콤함을 더한
닭봉 채소조림

MIND POINT
- 닭봉 대신 닭다리살이나 닭가슴살로 대체해도 좋아요.
- 단백질이 가득해 든든해요.

25~30분 / 2인분

- 닭봉 6개(300g)
- 감자 1개(또는 연근, 150g)
- 당근 1/6개(50g)
- 양파 1/4개
- 꽈리고추 3~4개(또는 풋고추, 20g)
- 베트남고추 1~2개
- 올리브유 2큰술
- 물 1컵(200㎖)
- 통깨 1작은술

양념
- 다진 파 2큰술
- 다진 마늘 1/2큰술
- 양조간장 3큰술
- 맛술 1큰술
- 올리고당 1큰술
- 참기름 1큰술
- 원당 1작은술

1 감자, 당근은 1cm 두께로 썰고, 양파는 사방 2cm 크기로 썬다. 꽈리고추는 어슷하게 2등분한다.

2 닭봉은 칼집을 낸다. 볼에 양념 재료를 골고루 섞어둔다.

3 달군 팬에 올리브유를 두르고 닭봉을 올려 중강 불에서 앞뒤로 1~2분간 노릇하게 굽는다.

4 냄비에 구운 닭봉, 감자, 당근, 양파, 베트남고추, 물, 양념을 넣고 뚜껑을 덮어 중강 불에서 끓인다.

5 국물이 끓기 시작하면 중간 불로 줄여 뚜껑을 덮고 5~6분간 끓인다. 뚜껑을 열고 꽈리고추를 넣어 1~2분간 윤기나게 조린 후 통깨를 뿌린다.

Part 2
닭 & 오리고기 반찬

향긋한 깻잎살사를 곁들여 깔끔하게 즐기는
닭다리 대파구이와 깻잎살사

MIND POINT
- 소스 대신 깻잎살사를 곁들여 식이섬유 섭취를 늘렸어요.
- 단백질이 가득해 든든해요.

20~25분 / 2인분

- 닭다리살 2조각(300g)
- 대파 흰 부분 2대(100g)
- 깻잎살사 1/4컵
  - *만들기 89쪽
- 어린잎 채소 1줌(20g)
- 소금 약간
- 후춧가루 약간
- 올리브유 2큰술

1. 대파는 4~5cm 길이로 썬다.
2. 닭다리살은 껍질에 칼집을 넣어 소금, 후춧가루, 올리브유를 뿌려 5분간 재워둔다.
3. 달군 팬(또는 그릴 팬)에 닭다리살을 올려 중강 불에서 앞뒤로 30초씩 굽는다. 중간 불로 줄여 4~5분간 더 구워 속까지 익힌다. 이 때 대파도 넣어 함께 올려 노릇하게 굽는다.
4. 익힌 닭다리살은 먹기 좋은 크기로 썬다.
5. 그릇에 대파, 닭다리살을 담고 깻잎살사, 어린잎 채소를 곁들인다.

💡 **Tip** / 닭고기는 에어프라이어(또는 오븐)를 활용해 구워도 좋아요. 200℃에서 10분 정도 구우면 됩니다.

> Part 2
> 닭 & 오리고기
> 반찬

바질페스토, 토마토, 닭가슴살의 완벽한 조합!
닭가슴살 마르게리타

MIND POINT
- 통밀빵을 곁들여 한끼 식사로 즐겨도 좋아요.
- 단백질이 가득해 든든해요.

20~25분 / 2인분

- 닭가슴살 2조각(250g)
- 방울토마토 5~6개(100g)
- 바질 2~3장(생략 가능)
- 슈레드 모짜렐라 치즈 1/3컵(60g)
- 바질페스토 2큰술
  * 만들기 76쪽
- 후춧가루 약간
- 올리브유 1큰술 + 1큰술

1 방울토마토는 2등분한 후 올리브유(1큰술), 후춧가루에 버무린다. 바질은 채 썬다.

2 닭가슴살은 두꺼운 부분에 칼집을 넣어 포 뜨듯이 넓게 펴준 후 후춧가루를 뿌린다.
   * 닭가슴살을 피자의 도우처럼 활용해요.

3 달군 팬에 올리브유(1큰술)를 두르고 닭가슴살을 올려 중강 불에서 앞뒤로 1분씩 굽는다.

4 불을 끄고 닭가슴살에 바질페스토를 골고루 바른 후 슈레드 모짜렐라 치즈를 올린다.

5 뚜껑을 덮고 약간 불에서 3~4분간 익혀 치즈를 녹인다.

6 치즈가 녹으면 방울토마토, 바질을 올린다.

💡 **Tip** / 닭가슴살에 치즈를 올려 200°C의 에어프라이어(또는 오븐)에서 6~7분간 구워도 돼요.

2

5

Part 2
닭 & 오리고기 반찬

영양부추 냉채를 곁들여 더욱 산뜻하게 즐기는
훈제오리구이와 채소 냉채

MIND POINT
- 훈제오리를 고를 때는 첨가물이 적은 것을 선택해요.
- 단백질이 가득해 든든해요.
- 부추의 양을 늘려 식이섬유 섭취를 늘려도 좋아요.

10~15분 / 2인분

- 훈제오리 200g
- 영양부추 1/2줌
  (또는 달래, 참나물, 30g)
- 양파 1/4개(또는 대파, 50g)

양념
- 애플사이다비네거 1큰술
  (또는 천연식초)
- 양조간장 2작은술
- 원당 1작은술
- 통깨 약간

1. 영양부추는 3~4cm 길이로 썰고, 양파는 얇게 채 썰어 찬물에 담가 매운맛을 뺀 후 물기를 제거한다.
2. 달군 팬에 훈제오리를 올려 중간 불에서 2~3분간 앞뒤로 굽는다.
   * 에어프라이어(또는 오븐)에 넣어 180°C에서 8~10분간 구워도 좋아요.
3. 볼에 영양부추, 양파를 넣고 양념 재료를 넣어 버무린다.
4. 그릇에 훈제오리를 담고 채소 냉채를 곁들인다.

💡 **Tip** / 기호에 따라 머스타드를 곁들여 훈제오리에 찍어 먹어도 잘 어울려요.

Part 2
닭 & 오리고기 반찬

다양한 채소와 훈제오리를 더욱 담백하게 즐기는
훈제오리 채소찜

MIND POINT
- 훈제오리를 고를 때는 첨가물이 적은 것을 선택해요.
- 채소는 기호에 따라 다양하게 선택해요.

15~20분 / 2인분

- 훈제오리 200g
- 숙주 2줌(100g)
- 브로콜리 1/4송이
  (또는 아스파라거스, 청경채, 70g)
- 모둠 버섯 80g
  (양송이버섯, 참타리버섯,
  팽이버섯 등)
- 당근 약 1/6개(또는 단호박, 30g)
- 후춧가루 약간
- 가지 강황 후무스 1/4컵
  * 만들기 74쪽

1 브로콜리는 한입 크기로 썰고, 버섯은 먹기 좋은 크기로 썬다.
   당근은 납작하게 썬다.

2 찜판에 숙주를 깔고 나머지 재료를 가지런히 올려 담고
   후춧가루를 뿌린다.

3 김이 오른 찜기에 올려 3~4분간 찐 후 가지 강황 후무스를 곁들인다.
   * 가지 강황 후무스가 없다면 초간장, 깨소스 등을 곁들여요.

💡 Tip / 편백찜기에 넣어 찌면 편백향이 나는 찜요리가 됩니다.

1

2

> Part 2
> 닭 & 오리고기
> 반찬

매콤한 양념에 향긋한 깻잎을 더한
오리고기 주물럭

MIND POINT
- 설탕 대신 양파즙으로 은은한 단맛을 냈어요.
- 들기름, 들깨가루로 오메가3 지방산을 더했어요.

25~30분 / 2인분

- 오리고기 300g
  (또는 돼지고기, 닭고기)
- 양파 1/2개(100g)
- 풋고추 1개(20g)
- 대파 1/2대(50g)
- 깻잎 5장(20g)
- 매실주 2큰술
  (또는 화이트와인, 청주, 소주)
- 들깨가루 1큰술
- 들기름 1~2큰술

양념
- 고춧가루 1큰술
- 고추장 2큰술
- 양파즙 2큰술(또는 배즙, 배음료)
- 올리고당 1큰술
- 다진 마늘 1큰술
- 양조간장 1작은술
- 다진 생강 약간

1 양파는 채 썰고, 풋고추와 대파는 어슷 썬다.
  깻잎은 굵게 채 썬다.
2 오리고기는 먹기 좋은 크기로 썰어 매실주에 버무려 5분간 재워둔다.
3 볼에 양념 재료를 섞은 후 오리고기를 넣고 버무려 10분간 재워둔다.
4 달군 팬에 들기름을 두르고 오리고기, 양파를 올려
  중간 불에서 3~4분간 뒤적여가며 볶는다.
5 풋고추, 대파를 넣어 1분간 더 볶는다.
6 깻잎, 들깨가루를 넣고 불을 끈 후 섞는다.

💡 **Tip** / 양파즙은 양파를 강판에 갈아 즙을 짜서 만든 것입니다.
강판에 간 것을 그대로 사용해도 됩니다.

1

5

Part 2
생선 & 해산물
반찬

홀그레인 머스터드를 발라 색다른 맛을 낸
삼치 머스터드구이

MIND POINT
- 오메가3 지방산이 풍부해요.
- 단백질이 가득해 든든해요.
- 마요네즈를 고를 때는 올리브유로 만든 것을 선택해요.

15~20분 / 2인분

- 삼치 2조각(또는 고등어, 200g)
- 청주 1큰술
- 후춧가루 약간

양념
- 마요네즈 2큰술
- 홀그레인 머스터드 1작은술
- 양조간장 1/2작은술

1. 삼치는 껍질 쪽에 1cm 간격으로 칼집을 넣고 청주, 후춧가루를 뿌려 5분간 둔다.
2. 볼에 양념 재료를 넣어 섞는다.
3. 삼치에 양념을 골고루 바른 후 에어프라이어(또는 오븐)에 넣고 200°C에서 8~10분간 굽는다.

Tip /
- 팬에서 구울 때는 달군 팬에 삼치를 올려 중간 불에서 4~5분간 익힌 후 양념을 골고루 발라 1~2분간 더 구워요.
- 삼치에 소금간이 되어 있다면 양념 재료 중 양조간장의 양을 줄여서 만드세요.

1

3

Part 2
생선 & 해산물 반찬

녹말가루를 묻혀 양념이 잘 배어 있는
고등어 간장조림

MIND POINT
- 오메가3 지방산이 풍부해요.
- 생선을 올리브유로 구웠어요.
- 단백질이 가득해 든든해요.

20~25분 / 2인분

- 고등어 4조각
  (또는 가자미, 꽁치, 200g)
- 녹말가루 2큰술
- 후춧가루 약간
- 올리브유 약간
- 송송 썬 실파 약간
- 통깨 약간

양념
- 양조간장 2큰술
- 맛술 1큰술
- 올리고당 1큰술
- 다진 마늘 1큰술
- 다진 생강 약간
- 후춧가루 약간
- 물 1/4컵(50㎖)

1 고등어에 후춧가루를 뿌리고 녹말가루를 앞뒤로 골고루 묻힌다.
2 볼에 양념 재료를 넣어 골고루 섞어둔다.
3 달군 팬에 올리브유를 두르고 고등어를 올려 중간 불에서 2~3분간 앞뒤로 노릇하게 굽는다.
4 ③에 양념을 부어 중간 불에서 양념을 끼얹어가며 4~5분간 조린다. 송송 썬 실파, 통깨를 뿌린다.
  * 고등어 두께에 따라 익히는 시간을 조절하세요.

💡 **Tip** / 고등어에 소금간이 되어 있다면 양념 재료 중 양조간장의 양을 줄여서 만드세요.

1

3

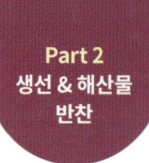

Part 2
생선 & 해산물 반찬

감칠맛 나는 간장 양념으로 자작하게 조린
구운 꽁치 감자조림

MIND POINT
- 오메가3 지방산이 풍부해요.
- 생선을 올리브유로 구웠어요.

25~30분 / 2인분

- 꽁치 2마리
  (또는 고등어, 양미리, 200g)
- 감자 작은 것 1개
  (또는 무, 150g)
- 양파 1/4개(50g)
- 꽈리고추 1~2개
  (또는 풋고추, 15g)
- 올리브유 약간
- 물 1컵(200㎖)

양념
- 양조간장 3큰술
- 맛술 1큰술(또는 청주)
- 올리고당 1큰술
- 다진 마늘 1큰술
- 다진 생강 약간
- 후춧가루 약간

1. 감자는 1cm 두께로 썰고, 양파는 채 썬다.
   꽈리고추는 어슷 썬다.
2. 꽁치는 3등분한다. 볼에 양념 재료를 넣어 골고루 섞는다.
3. 달군 팬에 올리브유를 두르고 꽁치를 올려
   중간 불에서 앞뒤로 2~3분간 노릇하게 굽는다.
4. 냄비에 감자, 양파를 깔고 물을 부은 후
   꽁치를 올리고 양념을 붓는다.
5. ④를 중강 불로 끓여 끓기 시작하면 중간 불로 줄인 후
   7~8분간 조린다.
6. 꽈리고추를 넣고 국물을 끼얹어가며 좀 더 조린다.

1

6

Part 2
생선 & 해산물
반찬

담백한 회에 아삭한 채소와 매콤한 양념을 더한
흰살 생선회 채소무침

MIND POINT
- 소화가 잘 되는 단백질 식품인 흰살 생선으로 요리했어요.
- 기호에 따라 채소를 추가해 식이섬유 섭취를 늘려요.
- 고추장은 저당 제품으로 선택해요.

20~25분 / 2인분

- 흰살 생선회 150g
  (광어, 우럭, 숭어 등)
- 무 1~2cm 1토막(100g)
- 오이 1/4개(50g)
- 사과 1/4개(또는 배, 50g)
- 미나리 1줌(또는 깻잎, 50g)
- 고춧가루 1/2작은술
- 통깨 간 것 1큰술
- 참기름 1큰술

초고추장
- 애플사이다비네거 2큰술
  (또는 천연식초)
- 매실청 1큰술
- 고추장 2큰술
- 고춧가루 2작은술
- 다진 마늘 1작은술
- 올리고당 1작은술
- 후춧가루 약간

1 무, 오이, 사과는 0.2cm 두께로 채 썰고, 미나리는 4cm 길이로 썬다.

2 볼에 무, 고춧가루를 넣어 가볍게 섞어 물을 들인다. 오이, 사과, 미나리를 넣어 섞은 후 통깨 간 것, 참기름을 넣어 무친다.

3 볼에 초고추장 재료를 넣어 골고루 섞은 후 흰살 생선회를 넣어 무친다.

4 그릇에 채소무침을 담고 회무침을 곁들인다.

Tip / 통밀면이나 현미국수를 삶아서 곁들이면 더욱 푸짐하게 즐길 수 있어요.

2

3

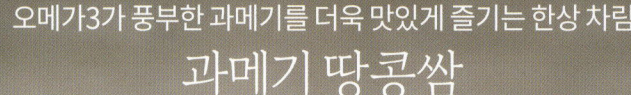

Part 2
생선 & 해산물
반찬

오메가3가 풍부한 과메기를 더욱 맛있게 즐기는 한상 차림
과메기 땅콩쌈

MIND POINT

- 말린 등푸른 생선이라 단백질 밀도가 높고 오메가3 지방산이 풍부해요.
- 견과류를 추가해 식감과 영양을 더했어요.
- 고추장은 저당 제품을 선택해요.

20~25분 / 2인분

- 청어 과메기 5쪽
  (또는 꽁치 과메기, 100g)
- 풋고추 1개
- 실파 2~3줄기(30g)
- 땅콩 2큰술(또는 호두, 캐슈넛, 20g)
- 김밥 김 2장(4g)
- 쌈채소 100g
  (상추, 깻잎, 배추, 봄동 등)

초고추장
- 애플사이다비네거 2큰술
  (또는 천연식초)
- 고추장 2큰술
- 고춧가루 1작은술
- 다진 마늘 1작은술
- 올리고당 2작은술

1 풋고추는 어슷하게 썰고, 실파는 3~4cm 길이로 썬다.
   김밥 김은 8~10등분한다.

2 청어 과메기는 어슷하게 먹기 좋은 크기로 썬다.

3 볼에 초고추장 재료를 넣어 섞는다.
   * 초고추장 대신 견과류 쌈된장(만들기 68쪽)을 곁들여도 좋아요.

4 접시에 모든 재료를 돌려 담고 초고추장을 곁들인다.
   쌈채소와 김에 과메기, 풋고추, 실파, 땅콩을 올리고
   초고추장을 곁들인다.

💡 **Tip** / 겨울철에는 물미역이나 생 다시마 등도 곁들이면 잘 어울려요.

Part 2
생선 & 해산물 반찬

상큼한 레몬과 식초에 절여 쫄깃함이 살아있는
토마토 문어냉채

MIND POINT
- 올리브유를 듬뿍 먹을 수 있어요.
- 단백질이 가득해 든든해요.
- 샐러드 채소는 다양하게 응용해요.

20~25분 / 2인분

- 삶은 문어 150g
  (또는 오징어, 주꾸미, 생새우살)
- 샐러드 채소 30g
  (상추, 겨자잎, 케일 등)
- 토마토 1/2개
  (또는 방울토마토 6~7개, 100g)
- 파프리카 1/8개(20g)
- 초록 피망 1/6개(30g)
- 양파 1/6개(30g)
- 레몬 슬라이스 2~3조각
  (또는 라임 슬라이스)

양념
- 올리브유 3큰술
- 애플사이다비네거 1큰술
  (또는 천연식초)
- 소금 1/4작은술
  (또는 허브솔트)
- 후춧가루 약간

1 샐러드 채소는 손으로 먹기 좋게 뜯고, 토마토는 사방 2cm 크기로 썬다. 파프리카, 피망, 양파는 채 썬다.

2 삶은 문어는 어슷하게 썬다.

3 볼에 문어, 양념 재료, 레몬 슬라이스를 넣고 버무려 10분간 둔다.

4 ③에 토마토, 파프리카, 피망, 양파를 넣어 섞는다.

5 그릇에 샐러드 채소를 담고 문어냉채를 올린다.

  * 샐러드 채소와 문어냉채를 골고루 섞어서 먹어요.

Tip / 생 문어를 삶을 때는 문어가 잠길 정도의 물을 끓여 무 1~2조각을 넣고 문어 다리 끝부분부터 담갔다 뺐다를 2~3회 반복해 모양이 예쁘게 말리면 모두 담가 익혀요. 문어가 1kg 내외라면 7~8분 정도 삶아주는 것이 적당해요. 쫄깃한 식감을 원하면 데치는 시간을 줄여요.

Part 2
생선 & 해산물
반찬

아삭한 파프리카와 쫄깃한 전복의 식감이 잘 어우러진
전복 파프리카구이

MIND POINT
- 단백질 보양식품 전복을 올리브유로 구워 함께 섭취할 수 있어요.
- 비타민C가 풍부한 색색의 파프리카를 더했어요.

20~25분 / 2인분

- 전복 4마리(120g)
- 빨강 파프리카 1/6개(60g)
- 노랑 파프리카 1/6개(60g)
- 마늘 5쪽(25g)
- 올리브유 1큰술 + 1큰술
- 양조간장 1작은술
- 소금 약간
- 후춧가루 약간
- 허브 약간(생략 가능)

1 파프리카는 사방 2cm 크기로 썰고, 마늘은 2등분한다.

2 전복살은 한쪽 면에 가로, 세로 잔칼집을 넣는다.

3 달군 팬에 올리브유(1큰술)를 두르고 파프리카, 마늘을 올려 중강 불에서 2~3분간 굽다가 소금, 후춧가루로 간한다.

4 ③을 팬의 한쪽으로 밀어놓고 전복을 넣어 1~2분간 굽다가 양조간장을 넣어 간을 하고 후춧가루를 뿌린다.
   * 통후추를 갈아서 넣으면 전복의 비린내를 더 잘 없앨 수 있어요.

5 채소와 전복을 섞은 후 불을 끄고 올리브유(1큰술), 허브를 뿌린다.

💡 **Tip** / 전복은 요리용솔로 겉면을 깨끗하게 닦은 후 숟가락이나 전복 손질용 칼을 이용해 껍질에서 살을 떼어내요. 전복 내장을 제거하고 앞쪽에 딱딱한 전복의 이빨을 칼로 잘라낸 후 사용하면 됩니다.

2

5

Part 2
생선 & 해산물
반찬

올리브유에 새우와 채소를 듬뿍 넣어 일품요리처럼 즐기는
새우 토마토 감바스

MIND POINT
- 다양한 채소와 단백질을 함께 섭취할 수 있어요.
- 토마토를 오일에 볶아 영양 흡수율을 높였어요.
- 곡물빵을 곁들여도 잘 어울려요.

25~30분 / 2인분

- 냉동 생새우살 150g
  (또는 오징어, 문어, 주꾸미)
- 방울토마토 6개(90g)
- 양송이버섯 2개
  (또는 표고버섯)
- 양파 1/4개(50g)
- 마늘 6쪽(30g)
- 껍질콩 6~7개
  (또는 브로콜리, 피망, 40g)
- 베트남고추 2~3개
  (또는 청양고추 1개)
- 올리브유 1/2컵(100㎖)
- 소금 약간
- 후춧가루 약간
- 파슬리 가루 약간(생략 가능)

1 양송이버섯은 4~6등분하고, 양파는 사방 2cm 크기로 썬다.
  방울토마토, 마늘은 2등분하고, 껍질콩은 긴 것만 2등분한다.

2 냉동 생새우살은 찬물에 10분간 담가 해동한 후 키친타월에 올려
  물기를 완전히 제거한다.

3 팬에 올리브유를 붓고 마늘을 넣어 중간 불로 끓인다.

4 마늘이 투명하게 익으며 향이 올라오면 생새우살, 베트남고추를 넣어
  2~3분간 익힌다.

5 새우가 익으면 방울토마토, 양송이버섯, 양파, 껍질콩을 넣어
  2~3분간 저어가며 익힌다.

6 소금, 후춧가루로 간을 하고 불을 끄고 파슬리 가루를 뿌린다.

Tip / 삶은 통밀 파스타를 곁들여 푸짐하게 즐겨도 좋아요.

1

5

> Part 2
> 생선 & 해산물
> 반찬

해산물과 채소를 듬뿍 넣어 담백하게 즐기는
연어 조개 채소찜

MIND POINT
- 브레인푸드 연어로 요리했어요.
- 해산물에 간이 있으니 최소로 간을 해서 슴슴하게 즐겨요.
- 곡물빵을 곁들여도 잘 어울려요.

25~30분 / 2인분

- 연어 스테이크용 2조각(200g)
- 조개 100g
  (바지락, 모시조개, 동죽 등)
- 방울토마토 4개(60g)
- 가지 1/4개(50g)
- 애호박 1/6개(40g)
- 양파 1/2개(100g)
- 그린올리브 2개(10g)
- 마늘 2쪽(10g)
- 레몬 슬라이스 2~3조각
- 올리브유 1큰술 + 2큰술
- 화이트와인 2큰술
  (또는 청주, 맛술)
- 소금 약간
- 후춧가루 약간

1 가지, 애호박은 사방 1.5cm 크기로 썬다. 양파는 채 썬다.
  그린올리브는 슬라이스하고, 마늘은 편 썬다.

2 연어는 2cm 간격으로 칼집을 넣어 소금, 후춧가루를 뿌려서
  5분간 재워둔다.

3 달군 팬에 올리브유(1큰술)를 두르고 가지, 애호박을 올려
  중간 불에서 2~3분간 볶다가 방울토마토, 그린올리브를 넣어
  1분간 더 볶은 후 소금, 후춧가루로 간을 한다.

4 뚜껑을 있는 팬에 양파를 깔고 연어를 올린 후
  ③의 볶은 채소, 조개를 올리고 화이트와인을 뿌린다.

5 ④의 위에 마늘, 레몬 슬라이스를 올리고
  올리브유(2큰술)를 골고루 뿌린 후 뚜껑을 덮는다.
  중강 불에 올려 김이 오르면 중간 불로 줄여 5~6분간 익힌다.

1

4

Part 2
생선 & 해산물
반찬

고소한 버섯소스에 담백하게 구운 생선을 올려 폼나게 즐기는
버섯 소스의 연어 스테이크

MIND POINT
- 브레인푸드 연어로 요리했어요.
- 소스에 버섯을 듬뿍 넣어 포만감이 좋아요.
- 통밀빵을 곁들여도 잘 어울려요.

25~30분 / 2인분

- 연어 스테이크용 2조각
  (또는 대구, 300g)
- 양송이버섯 150g
  (또는 표고버섯)
- 어린잎 채소 약간
- 소금 약간
- 후춧가루 약간
- 올리브유 약간 + 1큰술
- 버터 약 2작은술(10g)
- 다진 마늘 2작은술
- 화이트와인 3큰술
  (또는 청주, 맛술)
- 육수 1/2컵(또는 채수, 물, 100㎖)
- 생크림 2/3컵(180㎖)
- 파마산 치즈가루 2큰술(20g)
- 파슬리 가루 약간(생략 가능)

1 양송이버섯은 밑동을 제거하고 모양대로 슬라이스한다.

2 연어에 소금, 후춧가루, 올리브유(약간)를 뿌려서 5분간 재워둔다.
  * 기호에 따라 타임, 딜과 같은 향신료를 뿌려 재워도 좋아요.

3 달군 팬에 버터와 올리브유(1큰술)를 두르고 양송이버섯을 넣어
  중간 불에서 2~3분간 볶다가 다진 마늘을 넣어 1분간 더 볶는다.

4 ③에 화이트와인, 육수, 생크림, 파마산 치즈가루를 넣고
  중강 불에서 끓어오르면 중간 불로 줄여 3~4분간 저어가며 끓인 후
  후춧가루로 간을 하고 파슬리 가루를 뿌린다.

5 다른 달군 팬에 연어를 올려 중강 불에서 1분간 앞뒤를 익힌 후
  중간 불로 줄여 3~4분간 구워 속까지 익힌다.

6 그릇에 연어를 담고 버섯 소스, 어린잎 채소를 곁들인다.

Tip / 생선을 구울 때 자주 뒤집으면 부스러지기 쉬우니
한쪽 면을 충분히 익힌 후 뒤집어서 익히세요.

3

5

Part 3

아침식사, 밥과 면, 샐러드와 샌드위치

통.채.단.견.베.올 모두 담은 MIND 한그릇 식사

MIND 식사법에서 매일 먹으라고 권하는
통곡물, 채소, 단백질 재료, 견과, 베리, 올리브유를
골고루 넣어 만든 한그릇 음식입니다.
간단한 아침식사부터 별미 밥과 면요리,
브런치나 도시락으로 즐길 수 있는
실용적인 메뉴들까지 모두 담았습니다.
상황에 맞는 메뉴를 골라 건강한 MIND 식사를 즐기세요.

- **15분내 준비하는 초간단 아침식사**
- **드레싱 없어도 맛있는 식사 샐러드**
- **반찬 없어도 영양만점 한그릇 밥**
- **건강하게 즐기는 면요리 & 샌드위치**

Part 3
15분 준비
아침식사

5분만에 후다닥 만드는
나또 생두부와 그린 샐러드

MIND POINT
- 콩을 발효한 나또와 두부를 함께 써서 단백질이 풍부해요.
- 소금 대신 발사믹식초와 양파채로 맛을 냈어요.
- 샐러드 채소는 다양하게 응용해 즐기세요.

10~15분 / 2인분

- 생식용 연두부 2팩(200g)
- 나또 1팩(45g)
- 샐러드 채소 50g
  (상추, 로메인, 치커리 등)
- 채 썬 양파 약간

양념

- 올리브유 1큰술
- 발사믹식초 1작은술
  (기호에 따라 가감)
- 후춧가루 약간

1 샐러드 채소는 먹기 좋게 썬 후 볼에 넣고 양념 재료와 버무린다.
2 나또는 나또에 들어있는 양념을 넣고 실이 나도록 섞는다.
3 그릇에 연두부를 담고 나또, 샐러드 채소, 채 썬 양파를 곁들인다.

1

2

> Part 3
> 15분 준비
> 아침식사

올리브유를 듬뿍 뿌려 즐기는
수란 그릭요거트와 베리

MIND POINT
- 베리류와 올리브유를 듬뿍 먹을 수 있어요.
- 단백질이 풍부한 달걀과 그릭요거트를 함께 써서 포만감이 오래 지속돼요.

10~15분 / 2인분

- 그릭요거트 150g
- 달걀 2개
- 베리류 약 1컵(80~100g)
- 소금 약간
- 후춧가루 약간
- 올리브유 2큰술

1 달걀은 그릇에 깨뜨려 섞지 말고 그대로 둔다.

2 냄비에 물을 끓인 후 소금을 넣고 주걱(또는 젓가락)으로 저어서 물에 회오리를 만든 후 약한 불로 줄여 달걀을 넣는다.
천천히 저어 회오리를 만들면서 2~3분간 익힌 후 체로 건져 물기를 제거한다.

3 그릇에 그릭요거트를 담고 수란, 소금, 후춧가루, 올리브유를 뿌린 후 베리류를 곁들인다.

💡 **Tip** / 수란 대신 삶은 반숙 달걀을 올려도 좋아요.

2-1

2-2

> Part 3
> 15분 준비
> 아침식사

대파로 감칠맛을 더해 색다르게 즐기는
대파 오믈렛과 과일 샐러드

MIND POINT
- 향신채 대파를 활용해 맛을 내서 소금은 최소로 넣어도 충분히 맛있어요.
- 단짠 드레싱 대신 올리브유와 식초로 재료 맛을 살렸어요.
- 견과류를 더했어요.

10~15분 / 2인분

- 달걀 4개
- 대파 1/2대
- 샐러드 채소 60g
  (상추, 치커리, 겨자잎 등)
- 계절 과일 약 1/2컵(100g)
- 애플사이다비네거 1큰술
  (또는 발사믹식초, 매실청)
- 견과류 약 2큰술
  (호두, 아몬드 등, 40g)
- 올리브유 1큰술
- 소금 약간
- 후춧가루 약간

1 볼 2개에 달걀을 2개씩 풀고 소금, 후춧가루를 넣어 간을 한다.

2 샐러드 채소와 계절 과일은 먹기 좋은 크기로 썬다.

3 대파는 송송 썰어서 ①의 달걀물에 나눠 잘 섞는다.

4 달군 팬에 올리브유를 두르고 달걀물을 부어 중간 불에서 스크램블하듯이 섞은 후 반으로 접어 앞뒤로 1~2분간 익힌다.

5 그릇에 오믈렛과 샐러드 채소, 계절 과일을 담고 애플사이다비네거를 뿌린 후 견과류를 곁들인다. 같은 방법으로 1인분 더 만든다.

💡 **Tip** / 샐러드에 채소 오일절임(만들기 84쪽)을 곁들여 드레싱으로 활용해도 좋습니다.

3

4

Part 3
15분 준비
아침식사

비트 라페를 더해 풍미를 더한
버섯과 달걀 오픈 샌드위치

MIND POINT
- 오픈 샌드위치라서 탄수화물 섭취를 줄일 수 있어요.
- 채소 라페를 곁들여 탄단지 밸런스를 맞췄고, 맛도 좋아요.

15~20분 / 2인분

- 호밀빵이나 통밀빵 2조각(80g)
- 모둠 버섯 100g
  (표고버섯, 양송이버섯 등)
- 달걀 2개
- 비트라페 60g(또는 다른 라페)
  * 만들기 80쪽
- 올리브유 1큰술 + 1큰술 + 약간
- 소금 약간
- 후춧가루 약간

버섯 양념
- 발사믹식초 2작은술
- 소금 약간
- 후춧가루 약간

1. 버섯은 먹기 좋은 크기로 썬다.
   볼에 달걀, 소금, 후춧가루를 넣어 푼다.
2. 달군 팬에 올리브유(1큰술)를 두르고 버섯을 넣어 중강 불에서
   2~3분간 볶은 후 버섯 양념 재료를 넣어 섞은 후 덜어둔다.
3. 팬을 닦고 다시 달궈 올리브유(1큰술)를 두른 후 달걀물을 부어
   중간 불에서 스크램블한다.
4. 빵에 올리브유(약간)를 뿌린 후 팬에 올려 중간 불에서 2~3분간
   앞뒤로 노릇하게 굽는다.
5. 구운 빵에 버섯볶음, 스크램블에그, 비트라페를 올린다.
   * 빵에 올리브유 1큰술을 뿌려서 먹으면 더 부드럽게 즐길 수 있어요.

Part 3
15분 준비
아침식사

따뜻하고 부드럽게 속을 채우는
순두부 달걀 덮밥

MIND POINT
- 소화가 잘 되도록 부드러운 덮밥으로 만들었어요.
- 밥의 분량은 줄이고 두부, 달걀, 채소를 넉넉히 넣었어요.
- 김가루, 실파를 더해 슴슴해도 맛있어요.

10~15분 / 2인분

- 현미밥이나 잡곡밥 2인분
  (1인당 1/2~2/3공기)
- 순두부 1/2봉지
  (또는 연두부, 200g)
- 달걀 2개
- 양파 1/4개(50g)
- 팽이버섯 30g
- 실파 2줄기(15g)
- 물 1컵(200㎖)
- 다시마 5×5cm 1장
- 양조간장 1큰술
- 굴소스 1작은술
- 후춧가루 약간
- 김가루 약간

1. 양파는 채 썰고, 팽이버섯은 2등분하고, 실파는 송송 썬다.
2. 순두부는 4등분한다.
3. 냄비에 물, 다시마를 넣고 중강 불에서 끓어오르면 중간 불로 줄여 3~4분 정도 끓인 후 다시마를 건져낸다.
4. ③에 양파, 양조간장, 굴소스를 넣어 1분간 끓인 후 순두부, 팽이버섯을 넣고 2분간 더 끓인다.
5. 달걀을 풀어 익히고 후춧가루로 간을 한다.
6. 그릇에 밥을 담고 ⑤를 곁들인 후 실파, 김가루를 뿌린다.

> Part 3
> 드레싱 없는
> 식사 샐러드

브런치처럼 근사하게 즐기는
토마토 그릭요거트 샐러드

MIND POINT
- 채소 라페를 곁들여 드레싱 없어도 충분히 맛있어요.
- 그릭요거트, 올리브유, 견과류 등으로 맛과 영양, 식감을 채웠어요.

15~20분 / 2인분

- 토마토 1개(200g)
- 그릭요거트 100g
- 샐러드 채소 150g
  (양상추, 치커리, 루꼴라 등)
- 견과류 약 1과 1/2큰술
  (호두, 아몬드, 캐슈넛 등, 30g)
- 당근라페 50g(또는 다른 라페)
  * 만들기 81쪽
- 올리브유 1큰술
- 후춧가루 약간

1 토마토는 꼭지를 제거하고 가로로 2등분한 후
   둥근 밑부분을 약간 잘라내어 평평하게 만든다.
   * 이렇게 썰면 토마토가 흔들리지 않아 위에 토핑을 올리기 좋아요.

2 샐러드 채소는 먹기 좋은 크기로 썰어
   아삭해지도록 냉장고에 넣어둔다.

3 그릇에 토마토를 담고 그릭요거트를 올린다.
   샐러드 채소, 당근라페를 곁들인다.

4 올리브유를 채소와 그릭요거트에 골고루 뿌리고
   후춧가루를 뿌린 후 견과류를 곁들인다.

💡 **Tip** / 라페류는 샐러드 채소처럼 먹기도 하고 드레싱의 역할도 합니다.
라페가 없다면 올리브유, 발사믹식초, 홀그레인 머스터드를 섞어서
드레싱으로 활용하세요.

1

2

Part 3
드레싱 없는
식사 샐러드

채소 본연의 맛을 즐길 수 있는
달걀 채소찜 샐러드

MIND POINT
- 찜 조리로 영양소 손실을 최소화했어요.
- 파이토케미컬이 풍부한 컬러채소를 썼어요.
- 단짠의 소스 대신 후무스를 더해 영양 밸런스와 포만감이 좋아요.

15~20분 / 2인분

- 양배추 5장(150g)
- 연근 1/6개(50g)
- 파프리카 1/4개(50g)
- 브로콜리 1/3송이
  (또는 콜리플라워, 100g)
- 토마토 1개(200g)
- 삶은 달걀 2개
- 미니 새송이버섯 5~6개
  (또는 표고버섯, 40g)
- 가지 강황 후무스 50g
  (또는 병아리콩 후무스)
  *만들기 74쪽
- 올리브유 1큰술
- 후춧가루 약간
- 라임 슬라이스 약간(생략 가능)

1 양배추는 한입 크기로 썰고, 연근은 0.5cm 두께로, 파프리카는 사방 2cm 크기로 썬다. 브로콜리는 작은 송이로 썬다.

2 토마토는 8등분하고, 삶은 달걀은 4등분한다.

3 김이 오른 찜기에 양배추, 연근, 파프리카, 브로콜리, 미니 새송이버섯을 올리고 중강 불에서 5분간 찐다.

4 그릇에 익힌 채소, 토마토, 삶은 달걀, 라임 슬라이스를 담고 올리브유, 후춧가루를 뿌린 후 가지 강황 후무스를 곁들인다.

💡 **Tip** / 계절에 따라 알배추, 봄동, 당근, 우엉, 마 등의 채소들을 활용해도 좋아요.

1

3

Part 3
드레싱 없는
식사 샐러드

아삭한 양배추와 사과에 캐슈넛을 더해 씹는 재미가 있는
캐슈넛 사과 양배추 샐러드

MIND POINT
- 단짠 드레싱 대신 콜라비라페를 곁들여 가볍게 즐겨요.
- 브레인푸드로 불리는 강황, 견과류를 더했어요.

10~15분 / 2인분

- 양배추 100g
- 사과 1/2개
- 강황 콜라비라페 50g
  (또는 다른 라페)
  * 만들기 80쪽
- 캐슈넛 약 2큰술
  (또는 아몬드, 40g)
- 올리브유 1큰술
- 후춧가루 약간

1 양배추, 사과는 0.2cm 두께로 채 썬다.
2 마른 팬에 캐슈넛을 올려 중간 불에서 1~2분간 볶은 후 굵게 다진다.
   * 180℃의 에어프라이어(또는 오븐)에서 4~5분간 구워도 됩니다.
3 볼에 양배추, 사과, 강황 콜라비라페를 넣어 섞는다.
4 그릇에 ③을 담고 올리브유, 후춧가루를 뿌리고 캐슈넛을 올린다.

Part 3
드레싱 없는
식사 샐러드

단백질, 식이섬유, 비타민이 한가득
닭가슴살 버섯 오렌지 샐러드

MIND POINT
- 채소 오일절임이 재료겸 드레싱 역할을 해서 풍부한 맛을 내요.
- 닭가슴살이 들어가 단백질이 풍부해요.
- 블루베리도 더했어요.

20~25분 / 2인분

- 시판 익힌 닭가슴살 1팩(120g)
- 버섯 100g
  (느타리버섯, 양송이버섯,
  표고버섯, 팽이버섯 등)
- 샐러드 채소 120g
  (치커리, 겨자잎 등)
- 적양파 약간(또는 양파)
- 오렌지 1/2개(또는 감, 귤, 사과)
- 블루베리 약 1/2컵(40g)
- 파프리카 오일절임 40g
  (또는 다른 오일절임)
  * 만들기 85쪽
- 올리브유 약간
- 소금 약간
- 후춧가루 약간

1 샐러드 채소는 먹기 좋은 크기로 썰어
  아삭해지도록 냉장고에 넣어둔다. 적양파는 얇게 채 썬다.

2 버섯은 먹기 좋은 크기로 썬다.
  닭가슴살은 0.2cm 두께로 편 썬다.
  오렌지는 껍질을 벗기고 먹기 좋은 크기로 썬다.

3 달군 팬에 올리브유를 두르고 버섯을 올려
  중강 불에서 2~3분간 볶은 후 소금, 후춧가루로 간을 한다.

4 볼에 볶은 버섯, 닭가슴살, 오렌지, 파프리카 오일절임을 넣어
  골고루 섞는다.

5 그릇에 샐러드 채소를 담고 ④를 올린 후 블루베리를 올리고
  후춧가루를 뿌린다.

Tip / 익히지 않은 닭고기는 끓는 물에 월계수잎과 함께 넣고
7~8분 정도 삶거나 200℃의 오븐에서 10~12분간 구워서
활용해도 됩니다.

2

4

Part 3
드레싱 없는
식사 샐러드

지중해식 대표 재료인 콩, 토마토, 가지, 올리브유가 듬뿍
구운 가지와 콩 샐러드

MIND POINT
- 콩을 넉넉히 맛있게 먹을 수 있어요.
- 토마토살사가 재료겸 드레싱 역할을 해서 풍부한 맛을 내요.
- 가지를 올리브유에 구워 더했어요.

20~25분 / 2인분

- 가지 1개(200g)
- 삶은 콩 약 1/2~2/3컵
  (완두콩, 강낭콩, 병아리콩 등, 100g)
- 어린잎 채소 20g
- 토마토살사 80g
  * 만들기 88쪽
- 호밀빵이나 통밀빵 2조각(120g)
- 올리브유 2큰술
- 소금 약간
- 후춧가루 약간

1. 가지는 사방 1cm 크기로 썬 후 소금을 뿌려 10분간 재워둔다.
2. 달군 팬에 올리브유를 두르고 가지를 올려 중간 불에서 2~3분간 볶는다.
3. 볼에 삶은 콩, 토마토살사를 넣어 골고루 섞는다.
4. ③의 볼에 가지, 어린잎 채소를 넣어 가볍게 섞은 후 후춧가루를 뿌린다.
5. 마른 팬이나 토스터기에 빵을 구워 곁들인다.

💡 **Tip /**
- 호밀빵에 샐러드를 올려서 먹거나 남은 오일에 빵을 찍어서 즐겨보세요.
- 콩을 삶을 때는 끓는 물에 소금, 완두콩 또는 강낭콩을 넣고 중간 불에서 5~6분간 삶은 후 건져서 사용해요.

2

3

Part 3
드레싱 없는
식사 샐러드

두부, 버섯, 채소의 조합이 잘 어우러진
구운 버섯 두부 샐러드

MIND **POINT**
- 채소 오일절임이 재료겸 드레싱 역할을 해서 풍부한 맛을 내요.
- 올리브유에 구운 두부를 더했어요.

20~25분 / 2인분

- 두부 작은 팩 1모(200g)
- 모둠 버섯 100g
  (새송이버섯, 양송이버섯,
  표고버섯, 목이버섯 등)
- 양파 1/4개(50g)
- 그린올리브 4개
- 샐러드 채소 80g
  (양상추, 치커리, 겨자잎 등)
- 매콤 가지 오일절임 80g
  (또는 다른 오일절임)
  * 만들기 85쪽
- 올리브유 1큰술 + 1큰술
- 소금 약간
- 후춧가루 약간
- 파프리카 가루 약간
  (또는 후춧가루)

1 두부는 손가락 크기로 길쭉하게 썰고, 버섯은 두부 크기로 썬다.
  양파는 채 썰어 찬물에 담가 매운맛을 뺀 후 건진다.
  그린올리브는 2등분하고, 샐러드 채소는 먹기 좋은 크기로 썬다.

2 달군 팬에 올리브유(1큰술)를 두르고 두부를 올려
  중간 불에서 3~4분간 노릇하게 구운 후 덜어둔다.

3 다시 팬을 달궈 올리브유(1큰술)를 두르고 버섯을 올려
  중강 불에서 2~3분간 구운 후 소금, 후춧가루를 뿌린다.

4 볼에 두부, 버섯, 매콤 가지 오일절임을 넣어 잘 버무린다.

5 그릇에 샐러드 채소, 양파, 그린올리브를 담고 ④를 올린 후
  파프리카 가루를 뿌린다.

💡 **Tip** / 버섯은 씻을 때 물에 담가두면 스폰지처럼 수분을 흡수해
볶았을 때 물이 많이 생기니 흐르는 물에 가볍게 씻으세요.

1

3

Part 3 드레싱 없는 식사 샐러드

담백한 부라타치즈와 바질향 가득한 토마토의 만남
부라타치즈 토마토 샐러드

MIND POINT
- 나트륨 함량이 높은 숙성치즈 대신 담백한 생치즈를 썼어요.
- 시판보다 염도가 낮은 홈메이드 바질페스토를 사용했어요.

10~15분 / 2인분

- 부라타치즈 1개
  (또는 후레쉬 모짜렐라, 100g)
- 루꼴라 30g(또는 샐러드 채소)
- 컬러 방울토마토 8개
  (또는 파프리카, 120g)
- 블루베리 약 1/2컵
  (또는 블랙베리, 40g)
- 바질페스토 1큰술
  (또는 올리브페스토)
  * 만들기 76쪽
- 올리브유 1큰술
- 발사믹 글레이즈 2작은술
  (또는 발사믹식초)
- 후춧가루 약간

1 컬러 방울토마토는 2등분한다.

2 볼에 컬러 방울토마토, 바질페스토를 넣어 버무린다.

3 그릇에 루꼴라, 컬러 방울토마토, 블루베리를 담고 부라타치즈를 올린다.
올리브유를 뿌리고 발사믹 글레이즈와 후춧가루를 뿌린다.

💡 **Tip** / 부라타(burrata)치즈는 이탈리아 푸글리아 지역에서 유래한 신선한 치즈로, 겉은 부드러운 모짜렐라 치즈로 되어있고 속에는 크림과 작은 모짜렐라 조각들이 들어있어 크리미한 질감이 특징입니다.

1

2

> Part 3
> 드레싱 없는
> 식사 샐러드

콩, 새우, 아보카도가 들어가 아주 든든한
갈릭 새우 렌틸콩 샐러드

MIND POINT
- 렌틸콩 속 단백질과 복합 탄수화물로 포만감을 더해요.
- 오일절임으로 드레싱을 대신해 칼로리, 나트륨 섭취를 줄여요.
- 새우, 아보카도를 더해 포만감이 커요.

20~25분 / 2인분

- 냉동 생새우살 100g
  (또는 닭가슴살, 오징어, 문어)
- 아보카도 1개
- 샐러드 채소 100g
  (로메인, 치커리, 잎상추 등)
- 방울토마토 4개(60g)
- 삶은 렌틸콩 약 1/3컵
  (또는 보리밥, 흑미밥, 50g)
- 모둠 버섯 오일절임 80g
  (또는 다른 오일절임)
  * 만들기 84쪽
- 통후추 간 것 약간

양념
- 올리브유 1큰술
- 다진 마늘 1큰술
- 파프리카 가루 1/2작은술
  (생략 가능)
- 소금 약간
- 후춧가루 약간

1. 샐러드 채소는 먹기 좋은 크기로 썰고, 방울토마토는 2등분한다.
   아보카도는 반으로 갈라 씨를 제거하고 껍질을 벗긴 후
   모양대로 슬라이스한다.

2. 냉동 생새우살은 찬물에 10분간 담가 해동한 후 물기를 제거하고
   양념 재료에 버무린다.

3. 달군 팬에 생새우살을 올리고 중간 불에서 2~3분간
   앞뒤로 노릇하게 굽는다.

4. 그릇에 샐러드 채소를 담고 아보카도, 방울토마토, 삶은 렌틸콩,
   새우, 모둠 버섯 오일절임을 담은 후 통후추 간 것을 뿌린다.

💡 **Tip** / 렌틸콩은 단백질과 식이섬유가 풍부한 곡물로 삶아두었다가
밥에 넣어 먹거나 샐러드, 수프 등에 토핑으로 활용하면 좋아요.
렌틸콩은 크기가 작아서 불리지 않고 그대로 삶아도 돼요.
물을 넣고 끓어오르면 중간 불에서 15분간 삶으면 됩니다.
삶은 시간은 렌틸콩의 크기에 따라서 조절하세요.

> Part 3
> 드레싱 없는
> 식사 샐러드

밥이 없어도 포만감이 가득한
연어 병아리콩 샐러드

MIND POINT
- 오메가3 지방산이 풍부한 연어를 활용했어요.
- 동, 식물성 단백질 재료 적절히 섞었어요.
- 드레싱 대신 채소라페를 곁들여 칼로리, 나트륨 섭취를 낮췄어요.

15~20분 / 2인분

- 연어 200g(훈제 또는 생연어)
- 삶은 병아리콩 약 1/3컵
  (또는 강낭콩, 완두콩, 50g)
- 삶은 달걀 2개
- 샐러드 채소 150g
  (양상추, 잎상추, 치커리 등)
- 적양파 1/4개(또는 양파, 50g)
- 블랙베리 약 1/2컵
  (또는 블루베리, 50g)
- 비트라페 50g
  (또는 다른 라페)
  * 만들기 80쪽
- 씨앗류 1큰술
  (해바라기씨, 호박씨 등, 10g)
- 올리브유 1큰술
- 후춧가루 약간

1 샐러드 채소는 먹기 좋은 크기로 썰고
  적양파는 가늘게 채 썰어 찬물에 10분간 담가 매운맛을 뺀 후
  건져 물기를 제거한다.

2 삶은 달걀은 0.5cm 두께로 썰고, 연어는 먹기 좋은 크기로 썬다.

3 그릇에 샐러드 채소를 담고 연어, 병아리콩, 달걀, 적양파,
  블랙베리, 비트라페를 담는다.

4 올리브유, 후춧가루를 뿌리고 씨앗을 곁들인다.

Tip / 병아리콩은 통조림을 활용하거나 말린 병아리콩은
2~3시간 정도 불린 후 끓는 물에 15~20분 정도 삶아서 사용하세요.
병아리콩은 익히면 무게가 2~3배 정도 늘어나요.

1

2

Part 3
드레싱 없는
식사 샐러드

다양한 재료를 조화롭게 즐길 수 있는
참치 콥샐러드

MIND POINT
- 오메가3 지방산이 풍부한 참치를 활용했어요.
- 드레싱 대신 깻잎살사를 활용해 감칠맛을 더했어요.
- 숙성치즈 중 염도가 비교적인 낮은 고다치즈를 썼어요.

15~20분 / 2인분

- 통조림 참치 작은 캔 1개(85g)
- 메추리알 8개
  (또는 삶은 달걀 2개, 100g)
- 샐러드 채소 80g
  (양상추, 치커리, 겨자잎 등)
- 방울토마토 6개(90g)
- 블랙올리브 5개(또는 그린올리브)
- 견과류 약 1큰술
  (호두, 아몬드 등, 20g)
- 깻잎살사 30g
  * 만들기 89쪽
- 고다치즈 약간(또는 체다치즈)
- 후춧가루 약간

1. 샐러드 채소는 먹기 좋은 크기로 썰고,
   메추리알, 방울토마토, 블랙올리브는 2등분한다.
2. 참치는 체에 밭쳐 기름기를 뺀다.
3. 견과류는 굵게 다진다.
4. 그릇에 샐러드 채소를 담고 참치, 메추리알, 방울토마토,
   블랙올리브, 견과류, 깻잎살사를 줄지어 담는다.
   고다치즈는 그레이터로 갈아 올리고 후춧가루를 뿌린다.

Tip / 고다(gouda)치즈는 네덜란드 하우다 지방에서 만들어진 치즈로
숙정 과정 중에 왁스로 코팅을 하고, 전체적으로 노란 빛깔을 띠며
대체적으로 과일, 와인과 잘 어우리는 치즈입니다.

Part 3
한그릇 밥
비빔밥

흔한 재료지만 부족함 없이 맛있고 건강한
구운 두부 버섯 비빔밥

MIND POINT
- 두부와 버섯을 올리브유에 구웠어요.
- 향이 있는 부추, 풋고추를 써서 저염이어도 충분히 맛있어요.

20~25분 / 2인분

- 흑미밥 또는 잡곡밥 2인분
  (1인당 1/2~2/3공기)
- 두부 작은 팩 1모(200g)
- 모둠 버섯 100g
  (표고버섯, 느타리버섯 등)
- 영양부추 1/2줌
  (또는 달래, 부추, 30g)
- 달걀 1개
- 올리브유 1작은술 + 1큰술 + 1큰술
- 소금 약간
- 후춧가루 약간

비빔장
- 풋고추 1개
- 양조간장 2큰술
- 참기름 1큰술(또는 들기름)
- 고춧가루 1작은술
- 통깨 간 것 1작은술

1. 두부는 사방 2cm 크기로 썰고, 버섯은 채 썰거나 손으로 가닥가닥 뜯는다. 영양부추는 3cm 길이로 썬다. 볼에 달걀, 소금을 넣어 골고루 푼다.
2. 달군 팬에 올리브유(1작은술)를 두르고 달걀물을 부어 중간 불에서 지단을 부친 후 한 김 식혀 채 썬다.
3. 달군 팬에 올리브유(1큰술)를 두르고 두부를 올려 중간 불에서 노릇하게 구워 덜어둔다.
4. 달군 팬에 올리브유(1큰술)를 두르고 표고버섯, 느타리버섯을 올려 중강 불에서 2~3분간 볶다가 소금, 후춧가루로 간을 한다.
5. 풋고추는 씨째 송송 썰어 볼에 넣고 나머지 비빔장 재료와 골고루 섞는다.
6. 그릇에 밥을 담고 준비한 재료를 돌려 담아 비빔장을 곁들인다.

💡 **Tip** / 달걀 지단 대신 달걀프라이를 곁들여도 됩니다.

Part 3
한그릇 밥
볶음밥

밥 양은 줄이고 아삭한 숙주를 듬뿍 넣어 포만감을 더한
새우 숙주 볶음밥

MIND POINT
- 올리브유로 밥과 모든 재료를 볶았어요.
- 숙주를 듬뿍 넣어 식이섬유는 물론 아삭한 식감까지 더했어요.

20~25분 / 2인분

- 흑미밥 또는 잡곡밥 2인분
  (1인당 1/2~2/3공기)
- 냉동 생새우살 8마리(100g)
- 달걀 2개
- 숙주 150g
- 양파 1/4개(50g)
- 대파 1/2대(80g)
- 다진 마늘 1큰술
- 올리브유 1큰술 + 1큰술
- 검은깨 1작은술(또는 통깨)
- 후춧가루 약간

양념
- 맛술 1큰술
- 굴소스 2작은술

1. 냉동 생새우살은 찬물에 10분간 담가 해동한다.
   양파는 굵게 다지고, 대파는 송송 썬다.
2. 달군 팬에 올리브유(1큰술)를 두르고 다진 양파, 다진 마늘을 올려 중간 불에서 1~2분간 볶는다.
3. ②에 생새우살을 넣어 2~3분간 볶다가 양념 재료를 넣어 볶는다.
4. 숙주, 대파를 넣어 중강 불로 올려 1분간 볶다가 밥을 넣어 섞은 후 후춧가루를 뿌린다.
5. 다른 팬을 달궈 올리브유(1큰술)를 두르고 달걀을 올려 달걀프라이를 한다.
6. 그릇에 볶음밥을 담고 달걀프라이를 올린 후 검은깨를 뿌린다.

Tip / 볶음밥을 할 때 밥은 찬밥보다는 따끈하게 데운 밥을 사용해야 볶을 때 보슬보슬하게 잘 볶아져요.

3

4

Part 3
한그릇 밥
덮밥

중화풍 소스로 감칠맛을 낸
돼지고기 가지 덮밥

MIND POINT
- 저염으로 요리하기 위해 양념을 최소로 쓰는 대신 향신채소를 올리브유에 볶아 맛을 냈어요.
- 샐러드 채소 대신 쌈채소를 곁들여 쌈밥처럼 즐겨도 좋아요.

25~30분 / 2인분

- 흑미밥 또는 잡곡밥 2인분
  (1인당 1/2~2/3공기)
- 다진 돼지고기 80g
- 가지 1개(또는 새송이버섯,
  애호박, 200g)
- 양파 1/4개(50g)
- 풋고추 1개
- 대파 1/4대(30g)
- 다진 마늘 1큰술
- 다진 생강 약간
- 샐러드 채소 80g
  (양상추, 상추, 치커리 등)
- 올리브유 2큰술
- 후춧가루 약간
- 발사믹식초 2작은술
  (또는 애플사이다비네거)

양념
- 두반장 1/2큰술
- 굴소스 1작은술
- 물 1/2컵(100㎖)

녹말물
- 물 1큰술
- 녹말가루 1작은술

1

가지는 길게 반으로 썬 후
1.5cm 폭으로 썬다.

2

양파는 다지고, 풋고추와 대파는
길게 2등분으로 갈라 송송 썬다.
샐러드 채소는 먹기 좋은 크기로 썬다.

3

달군 팬에 올리브유를 두르고
대파, 다진 마늘, 다진 생강을 넣고
중간 불에서 30초 정도 볶다가
중강 불로 올려 돼지고기, 양파를
넣어 1~2분간 볶는다.

4

③에 가지를 넣어 중강 불에서
2~3분간 볶은 후 풋고추,
양념 재료를 넣어 끓인다.

5

작은 볼에 녹말물 재료를 넣어 섞는다. 국물이 끓으면
녹말물을 넣어 걸쭉하게 농도를 맞추고 후춧가루를 넣는다.
밥에 곁들이고 발사믹식초를 뿌린다.

 **Tip /**
기호에 따라 마지막에
참기름이나 고추기름을 두르면
풍미가 더욱 좋아요.

> Part 3
> 한그릇 밥
> 솥밥

곤약쌀로 탄수화물 섭취를 줄이고 포만감을 더한

닭고기 버섯 곤약밥

MIND POINT
- 곤약쌀을 더 많이 넣어 저혈당 밥을 만들었어요.
- 닭고기 양념이 있어 따로 비빔장이 필요 없어요.
- 탄단지 밸런스가 특히 좋은 솥밥이에요.

20~25분 / 2인분

- 쌀 1/3컵(50g, 현미나 백미)
- 습식 곤약쌀 1봉지
  (또는 현미, 잡곡, 200g)
- 닭다리살 2조각(250g)
- 버섯 100g
  (표고버섯, 양송이버섯,
  미니 새송이버섯 등)
- 당근 약 1/10개(20g)
- 실파 1~2줄기(20g)
- 다시마 5×5cm 1장
- 물 약 1/3컵(70㎖)
- 올리브유 1큰술
- 통깨 1작은술

양념
- 양조간장 1큰술
- 맛술 1큰술
- 원당 1/2작은술
- 다진 마늘 1작은술
- 후춧가루 약간

1. 쌀은 씻어 20분간 불린 후 물기를 빼고, 습식 곤약쌀은 2~3회 씻어 물기를 제거한다.

2. 버섯은 사방 2cm 크기로 썰고, 당근은 사방 1cm 크기로 썬다. 실파는 송송 썬다.

3. 닭다리살은 3cm 크기로 썰어 양념 재료에 버무려 5분간 재운다.

4. 달군 팬에 올리브유를 두르고 닭다리살을 올려 중강 불에서 1~2분간 앞뒤로 노릇하게 굽는다.

5. 냄비(또는 밥솥)에 불린 쌀, 곤약쌀, 구운 닭다리살, 버섯, 당근, 다시마, 물을 넣어 센 불로 끓인다.
끓어오르면 중간 불로 줄여 5~6분간 익힌다.
약한 불로 줄여 4~5분간 뜸 들인 후 불을 끈다.
다시마를 건져내고 골고루 섞은 후 실파와 통깨를 뿌린다.

 Tip /
- 곤약쌀은 칼로리가 적은 곤약을 쌀알 형태로 만든 제품으로 전분이 섞여 있지 않은 것으로 선택하세요.
- 곤약에는 칼륨과 인이 함유되어 있어 신장 기능이 저하된 경우에는 섭취를 주의해야 해요.

> Part 3
> 한그릇 밥
> 솥밥

식이섬유가 풍부한 뿌리채소와 쇠고기 스테이크로 폼나게 즐기는
뿌리채소 스테이크솥밥

MIND POINT
- 쇠고기를 올리브유에 한번 구워 육즙을 가둔 후 밥을 지어 아주 맛있어요.
- 뿌리채소로 솥밥을 하면 부드러워져 소화가 잘 돼요.

25~30분 / 2인분

- 현미 1컵(160g)
- 렌틸콩 2큰술
- 쇠고기 스테이크용 1조각(200g)
- 연근 50g
- 우엉 40g
- 당근 약 1/6개(30g)
- 마늘 5쪽(25g)
- 실파 1~2줄기(또는 달래, 20g)
- 통깨 1작은술
- 물 1.2컵(240mℓ)
- 올리브유 1큰술 + 1큰술
- 소금 약간
- 후춧가루 약간

1
현미와 렌틸콩은 2~3번 씻은 후 물에 담가 20분간 불린다.
쇠고기에 소금, 후춧가루로 간을 하고 올리브유를 골고루 뿌려둔다.

2
연근은 모양대로 슬라이스한 후 2등분한다. 우엉, 당근은 2cm 길이로 채 썬다. 마늘은 2등분하고, 실파는 송송 썬다.

3
달군 팬에 올리브유(1큰술)를 두르고 쇠고기를 올려 중강 불에서 앞뒤로 30초씩 구운 후 불을 끄고 쇠고기는 덜어둔다.

4
쇠고기를 구운 팬에 올리브유 (1큰술)를 두르고 연근, 우엉, 당근, 마늘을 넣어 중간 불에서 1~2분간 볶은 후 소금, 후춧가루로 간을 한다.

5
구운 쇠고기는 먹기 좋은 크기로 썬다. 냄비에 현미, 렌틸콩, ④, 소금을 넣고 물을 부어 센 불로 끓인다. 끓어오르면 중간 불로 줄여 5~6분간 익힌다.

6
약한 불로 줄여 4~5분간 익힌 후 스테이크를 올려 뚜껑을 덮고 3~4분간 뜸 들인다. 먹기 전 실파, 통깨를 뿌린다.

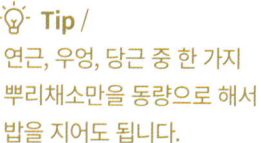

Tip /
연근, 우엉, 당근 중 한 가지 뿌리채소만을 동량으로 해서 밥을 지어도 됩니다.

Part 3
한그릇 밥
김밥

채소를 듬뿍 넣어 색다르게 즐기는 밥요리
샌드위치 김밥

MIND POINT
- 밥은 적게, 채소는 듬뿍 넣어 혈당이 천천히 오르도록 만들었어요.
- 육가공품 중 생햄은 기름기가 적고 짠맛도 덜해 활용했어요.

20~25분 / 2인분

- 현미밥 1공기(200g)
- 김밥 김 2장(4g)
- 깻잎 4장(또는 겨자잎)
- 양상추 2장(60g)
- 슬라이스 생햄 60g
  (원육 함량 높고 저염인 것)
- 양배추라페 80g
  (또는 다른 라페)
  * 만들기 81쪽

양념
- 들기름 2작은술
- 통깨 간 것 1작은술
- 소금 약간

1 볼에 현미밥, 양념 재료를 넣어 잘 섞는다.

2 김밥 김의 중앙에 현미밥 1/4분량을 올린다.

3 깻잎, 양상추, 슬라이스 생햄, 양배추라페를 차례로 올린다. 이때 분량은 준비된 분량의 1/2씩 올린다.

* 생햄의 염도가 높다면 체에 생햄을 올린 후 뜨거운 물을 부어 짠맛을 줄인 후 사용해요.

4 현미밥 1/4분량을 더 올린 후 김밥 김을 사방으로 덮어 싼 후 2등분한다. 같은 방법으로 1개 더 만든다.

💡 Tip /

김밥을 쌀 때 밥은 너무 뜨거우면 김이 눅지면서 질겨질 수 있으니 약간 식었을 때 싸는 것이 좋아요.

Part 3
한그릇 밥
김밥

단순한 재료로 만들었지만 건강함으로 가득 채운
당근라페 달걀김밥

MIND POINT
- 밥은 적게 넣고 달걀, 닭가슴살은 넉넉히 넣은 고단백 김밥이에요.
- 단짠의 단무지 대신 당근라페를 활용했어요.

20~25분 / 2인분

- 잡곡밥 1공기(200g)
- 김밥 김 2장(4g)
- 시판 익힌 닭가슴살 1팩
  (또는 구운 쇠고기)
- 달걀 1개
- 참나물 1줌
  (또는 시금치, 취나물, 50g)
- 당근라페 100g
  *만들기 81쪽
- 참기름 약간
- 통깨 간 것 약간
- 소금 약간
- 올리브유 약간

양념
- 통깨 간 것 1작은술
- 참기름 2작은술
- 소금 약간

1 볼에 잡곡밥, 양념 재료를 넣어 잘 섞는다.

2 닭가슴살은 1cm 두께로 썬다. 볼에 달걀, 소금을 넣어 골고루 푼다.

3 달군 팬에 올리브유를 두르고 달걀물을 부어 중간 불에서 지단을 부친 후 한 김 식혀 채 썬다.

4 끓는 물에 참나물, 소금을 넣고 센 불에서 1~2분간 데친다.

5 참나물은 찬물에 헹구어 물기를 꼭 짠다. 볼에 담아 참기름, 통깨 간 것, 소금으로 간을 한다.

6 김밥 김에 잡곡밥 1/2분량을 골고루 펴고 닭가슴살, 달걀지단, 당근라페, 참나물을 1/2분량씩 올려 김밥을 싼다. 같은 방법으로 1줄 더 싸고 먹기 좋은 크기로 썬다.

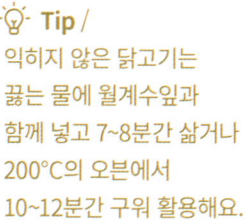

Tip
익히지 않은 닭고기는 끓는 물에 월계수잎과 함께 넣고 7~8분간 삶거나 200℃의 오븐에서 10~12분간 구워 활용해요.

> Part 3
> 한그릇 별미
> 콩국수

식이섬유가 풍부해 혈당, 혈압 조절에 탁월한 렌틸콩을 갈아 만든
닭고기 렌틸콩국수

MIND POINT
- 콩과 견과를 갈아 국물을 만들었어요.
- 시판 닭가슴살이 짠맛이 있어 국물의 간은 최소로 했어요.

20~25분(+ 렌틸콩 불리기 30분) / 2인분

- 소면 120g(현미국수나 메밀면)
- 시판 익힌 닭가슴살 1팩(120g)
- 토마토 1/4개(40g)
- 무순 약간
- 통깨 1작은술

콩물
- 렌틸콩 1/2컵(80g)
- 땅콩 3큰술(또는 아몬드)
- 물 4컵(800㎖)
- 소금 1/2작은술

1 렌틸콩은 씻어서 30분간 불린 후 끓는 물에 넣고 10~15분간 삶아서 체에 밭쳐 물기를 뺀다.

2 블렌더에 삶은 렌틸콩, 땅콩, 물을 넣어 곱게 간 후 소금으로 간을 한다.

3 토마토는 먹기 좋은 크기로 썰고, 무순은 가지런히 자른다. 닭가슴살을 얇게 썬다.

4 끓는 물에 소면을 넣어 4~5분간 삶은 후 체에 밭쳐 찬물에 2~3회간 헹구어 물기를 뺀다. 그릇에 국수를 담고 닭가슴살과 토마토, 무순을 올린 후 ②의 콩물을 붓는다.

*기호에 맞춰 소금을 약간 더해도 되지만 가능하면 슴슴하게 드세요.

💡 **Tip** /
- 렌틸콩물은 국수 외에 두유처럼 간식으로 마셔도 좋습니다.
- 익히지 않은 닭고기는 끓는 물에 월계수잎과 함께 넣고 7~8분간 삶거나 200℃의 오븐에서 10~12분간 구워 활용해요.

Part 3
한그릇 별미
비빔국수

견과류를 듬뿍 넣어 고소한 맛을 더한
들기름 견과 막국수

MIND POINT
- 견과류를 듬뿍 뿌려 식감과 영양을 더했어요.
- 양념은 단맛과 짠맛을 최소로 넣고 들기름을 넉넉히 더해 부족한 풍미를 채웠어요.

20~25분 / 2인분

- 메밀국수 150g
  (메밀 함량이 높은 것)
- 견과류 1과 1/2큰술
  (잣, 호두 등, 30g)
- 도시락용 조미김 1팩(4g)
- 오이 1/4개
- 어린잎 채소 20g
  (또는 참나물이나 미나리)
- 실파 1~2줄기(20g)
- 통깨 간 것 1큰술

양념

- 양조간장 2큰술
- 맛술 1큰술
- 들기름 4큰술
- 원당 2작은술

1
도시락용 조미김은 위생팩에 넣어 잘게 부수고, 견과류는 곱게 다진다.

2
오이는 가늘게 채 썰고, 실파는 송송 썬다.

3
끓는 물에 메밀국수를 넣고 센 불에서 4~5분간 삶아 체에 밭쳐 찬물에 2~3회 헹궈 물기를 뺀다.

4
볼에 메밀국수, 양념 재료를 넣어 버무린다. 그릇에 국수를 담고 어린잎 채소, 오이를 올린다. 견과류, 통깨 간 것, 실파, 김가루를 곁들인다.

> Part 3
> 한그릇 별미
> 볶음국수

건강한 메밀국수를 활용해 담백하게 즐기는
쇠고기 채소 볶음국수

MIND POINT
- 고기와 다양한 채소를 더해 탄단지 밸런스가 참 좋은 국수예요.
- 쇠고기는 기름기가 적은 부위를 선택하세요.

20~25분 / 2인분

- 메밀국수 100g
  (메밀 함량이 높은 것)
- 쇠고기 불고기용 150g
- 양배추 3장(100g)
- 당근 약 1/6개(30g)
- 양파 1/2개(100g)
- 초록 피망 1/2개(80g)
- 가쓰오부시 3g(생략 가능)
- 올리브유 약간
- 통깨 약간

양념
- 굴소스 1큰술
- 맛술 1큰술
- 다진 마늘 1큰술
- 고추기름 1큰술(또는 들기름)
- 원당 2작은술
- 양조간장 1작은술
- 후춧가루 약간

1 양배추, 당근, 양파, 피망은 0.2cm 두께로 채 썬다.

2 볼에 양념 재료를 넣어 섞는다. 다른 볼에 양념 1/2분량, 쇠고기를 넣고 섞어 5분간 재워둔다.

3 끓는 물에 메밀국수를 넣고 센 불에서 4~5분간 삶아 찬물에 2~3회 헹구어 물기를 뺀다.

4 달군 팬에 올리브유를 두르고 쇠고기를 올려 중강 불에서 1분간 볶는다.

5 ④에 양배추, 당근, 양파를 넣어 2~3분간 더 볶는다.

6 메밀국수를 넣어 1~2분간 볶은 후 나머지 양념, 피망을 넣어 섞는다. 그릇에 담고 가쓰오부시, 통깨를 뿌린다.

Tip

볶음국수는 한꺼번에 많은 양을 볶으면 면이 눌어붙거나 퍼질 수 있습니다. 1인분씩 나누어 볶으면 채소는 아삭하고 국수는 더 쫄깃하게 요리할 수 있어요.

Part 3
한그릇 별미 파스타

식이섬유가 풍부한 통밀 파스타로 만든
나또 명란파스타

MIND POINT
- 나또의 유산균은 열에 약하니 열조리가 끝난 후 곁들였어요.
- 명란은 저염인 것을 썼어요.
- 통밀 파스타는 식이섬유가 풍부해 포만감이 더 좋아요.

20~25분 / 2인분

- 통밀 스파게티 120g
- 나또 1팩(45g)
- 저염 명란 약 2개(80g)
- 루꼴라 100g(또는 어린잎 채소)
- 토마토 마늘 오일절임 50g
  * 만들기 84쪽
- 마늘 4쪽(20g)
- 페페론치노 1~2개
  (또는 베트남고추)
- 올리브유 4큰술
- 소금 약간
- 후춧가루 약간

1 마늘은 편으로 썰고 페페론치노는 굵게 다진다.
2 저염 명란은 막을 벗겨내고 알만 발라낸다.
3 끓는 물에 소금, 통밀 스파게티를 넣어 6~7분간 삶아 건져낸다.
   * 면 삶은 면수를 남겨두세요.
4 달군 팬에 올리브유를 두르고 마늘, 페페론치노를 넣어
   중간 불에서 볶아 향을 낸 후 면수 3큰술을 넣어 끓인다.
5 ④가 끓으면 통밀 스파게티, 저염 명란을 넣어 섞는다.
6 불을 끄고 토마토 마늘 오일절임, 루꼴라를 넣어 섞은 후
   후춧가루를 뿌린다. 그릇에 담고 나또를 곁들인다.
   * 취향에 따라 마지막에 올리브유를 1~2큰술 뿌려도 좋아요.

💡 **Tip** / 스파게티를 삶을 때는 물 1L에 소금 10g 정도가 좋아요.
스파게티는 알단테로 살짝 덜 익혀야 오일소스가 흡수되면서
감칠맛이 더 좋아져요.

> Part 3
> 한그릇 별미 샌드위치

아보카도에 후무스를 섞어 더욱 든든하게 만든
아보카도 베리 오픈 샌드위치

MIND POINT
- 오픈 샌드위치로 탄수화물 섭취를 줄여요.
- 병아리콩 후무스로 단백질을 채웠어요.
- 통밀빵을 고를 때는 당과 유지 함량이 낮은 것으로 선택하세요.

15~20분 / 2인분

- 호밀빵이나 통밀빵 2조각
  (또는 바게트, 120g)
- 냉동 아보카도 100g
- 병아리콩 후무스 60g
  * 만들기 72쪽
- 루꼴라 20g(또는 어린잎 채소)
- 방울토마토 4개(60g)
- 베리류 약 1/2컵
  (블루베리, 크랜베리 등, 50g)
- 올리브유 1큰술 + 1큰술
- 후춧가루 약간

1 방울토마토는 2등분하고, 냉동 아보카도는 해동한 후 포크로 으깬다.
2 볼에 아보카도, 병아리콩 후무스를 넣어 섞는다.
3 다른 볼에 방울토마토, 베리류, 올리브유(1큰술)를 넣어 골고루 섞는다.
4 달군 팬에 올리브유(1큰술)를 두르고 빵을 올려 중간 불에서 앞뒤로 노릇하게 굽는다.
5 구운 빵에 ②를 펴 바른 후 ③, 루꼴라를 올리고 후춧가루를 뿌린다.

💡 **Tip** / 호밀빵을 팬에 굽는 대신 토스트기나 오븐에 구워서 올리브유를 뿌려도 됩니다.

2

4

Part 3
한그릇 별미 샌드위치

구운 채소를 듬뿍 넣어 한 개만 먹어도 든든한
구운 가지 버섯 샌드위치

MIND POINT
- 올리브페스토, 올리브유에 구운 채소를 넉넉히 더했어요.
- 풍성한 채소와 오일 성분이 혈당이 천천히 오르게 해요.

20~25분 / 2인분

- 반미 바게트 2개
  (100g, 또는 통밀 바게트나 통밀빵)
- 가지 1개(200g)
- 새송이버섯 2개(150g)
- 토마토 1/2개(80g)
- 로메인 6~8장(50g)
- 루꼴라 약간
- 올리브페스토 40g
  (또는 바질페스토)
  *만들기 78쪽
- 발사믹식초 2작은술
- 올리브유 2큰술
- 소금 약간
- 후춧가루 약간

1 반미 바게트는 반을 갈라 펼친다.

2 가지, 새송이버섯은 0.5cm 두께로 썰고,
토마토는 모양대로 슬라이스한다.
* 가지와 버섯은 익으면 수분이 빠지면서 얇아지므로
도톰하게 썰어서 구워야 식감이 좋아요.

3 달군 팬에 올리브유를 두르고 가지, 새송이버섯을 올려 중간 불에서
4~5분간 노릇하게 구운 후 소금, 후춧가루로 간을 한다.

4 반미 바게트 자른 면에 올리브페스토를 골고루 펴 바른 후
로메인, 루꼴라, 토마토, 구운 가지, 버섯을 올린다.

5 발사믹식초를 뿌리고 반미 바게트를 덮은 후 2등분한다.
같은 방법으로 1개 더 만든다.

2

3

Part 3
한그릇 별미 건강롤

오이 요거트 디핑소스를 더해 아삭하고 상큼하게 즐기는
훈제연어 통밀 또띠야랩

MIND POINT
- 통밀 또띠야를 사용했어요.
- 마요네즈 대신 요거트딥, 허니머스터드 소스 대신 홀그레인 머스터드를 써서 더 건강하게 만들었어요.

15~20분 / 2인분

- 통밀 또띠야 2장(90g)
- 훈제 연어 150g
  (또는 시판 익힌 닭가슴살)
- 샐러드 채소 50g
  (양상추, 치커리 등)
- 오이 요거트디핑소스 50g
  *만들기 89쪽
- 홀그레인 머스터드 1큰술
- 후춧가루 약간

1. 통밀 또띠야에 홀그레인 머스터드를 펴 바른다.
2. 샐러드 채소, 훈제 연어, 오이 요거트디핑소스를 1/2분량씩 순서대로 올린 후 후춧가루를 뿌린다.
3. 통밀 또띠야를 돌돌 만 후 종이호일로 감싸 2등분한다. 같은 방법으로 1개 더 만든다.

Tip / 오이 요거트디핑소스 대신 그릭요거트나 사워크림에 허브인 딜(dill)을 다져 넣어도 연어와 잘 어울려요.

> Part 3
> 한그릇 별미 건강롤

색다른 별미가 생각날 때 상큼하게 즐길 수 있는
두부면 월남쌈

MIND POINT
- 쌀국수 대신 두부면을 넣어 단백질을 높였어요.
- 다양한 채소를 듬뿍 섭취할 수 있어요.

15~20분 / 2인분

- 라이스페이퍼 8장
- 두부면 1팩(100g)
- 쌈채소 100g
  (상추, 깻잎, 겨자잎 등)
- 파프리카 1/2개(100g)
- 사과 1/2개
- 땅콩버터 2큰술
- 양배추라페 80g(또는 다른 라페)
  * 만들기 81쪽

1 두부면은 체에 밭쳐 물기를 뺀다.

2 파프리카, 사과는 채 썬다.

3 라이스페이퍼를 따뜻한 물에 담갔다가 건져 펼친 후
   쌈채소를 깔고 두부면을 올린다.
   * 8개 정도가 되도록 재료를 적절히 나눠 올려요.

4 땅콩버터를 두부면에 바르고
   파프리카, 사과, 양배추라페를 올려서 돌돌 만다.

💡 **Tip** / 기호에 따라서 겨자소스나 칠리소스를 곁들여도 잘 어울려요.

1

4

menu plan

한국형 MIND 2주 식단

이 책에 소개된 다양한 MIND 레시피를 가지고 재료, 조리법, 아이템을 골고루 배치해 다채로운 MIND 집밥을 즐길 수 있도록 2주간의 식단 예시를 구성해보았어요. 아래 식단을 참고해 여러분만의 MIND 식단을 짜보세요.

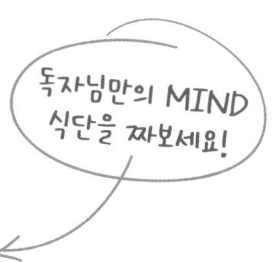
독자님만의 MIND 식단을 짜보세요!

구분		월	화	수
1주	아침	· 나또 생두부와 그린 샐러드(190쪽)	· 스크램블에그 · 통곡물빵 · 라페(80~83쪽)	· 순두부 달걀 덮밥(198쪽)
	점심	· 당근라페 달걀김밥(232쪽) · 곤약 병아리콩조림(145쪽)	· 올리브유 검은콩밥(92쪽) · 오리고기 주물럭(166쪽) · 가지구이무침(107쪽) · 채소 + MIND 쌈장(68~71쪽)	· 갈릭 새우 렌틸콩 샐러드(214쪽) · 통곡물빵
	저녁	· 렌틸콩 현미밥(92쪽) · 훈제오리와 채소 냉채(162쪽) · 연두부 브로콜리볶음(134쪽) · 오이 통깨무침(104쪽) · 채소 + MIND 쌈장(68~71쪽)	· 나또 명란파스타(240쪽) · 새우 토마토 감바스(182쪽) · 그린 샐러드	· 나물밥(92쪽) · 닭고기전과 파무침(154쪽) · 토마토 양파 땅콩무침(111쪽) · 채소 + MIND 쌈장(68~71쪽)
2주	아침	· 오이 요거트디핑소스(89쪽) · 채소스틱 · 통곡물빵	· 순두부 달걀 덮밥(198쪽) · 라페(80~83쪽)	· 버섯과 달걀 오픈 샌드위치(196쪽) · 라페(80~83쪽)
	점심	· 닭고기 채소쌈(148쪽) · 채소 오일절임(84~87쪽)	· 들기름 견과 막국수(236쪽) · 채소콩전(146쪽)	· 돼지고기 가지 덮밥(224쪽) · 청경채찜(114쪽)
	저녁	· 올리브유 검은콩밥(92쪽) · 연어 조개 채소찜(184쪽) · 새송이버섯조림(123쪽) · 채소 + MIND 쌈장(68~71쪽)	· 강황밥(93쪽) · 닭봉 채소조림(156쪽) · 깐풍두부(140쪽) · 버섯잡채(126쪽) · 라페(80~83쪽)	· 닭고기 버섯 곤약밥(226쪽) · 토마토 애사비절임(97쪽) · 채소 + MIND 쌈장(68~71쪽)

Point
1. MIND 식단에서 중요하게 생각하는 필수 재료(통.채.단.견.베.올)를 모두 포함시켜 세 끼를 구성했어요.
2. 68~91쪽에 소개된 만능템을 식단에 사이드메뉴로 적극 활용했어요.
3. 아침식사는 조리도 간단하고, 먹기도 편한 한그릇 식사로 짰어요.
4. 점심이나 저녁식사는 중 한 끼는 밥과 반찬으로 이루어진 한식 MIND 식단이 되도록 했어요.
5. 단백질 급원은 콩과 두부 / 닭고기 / 오리고기 / 생선류 등이 고루 들어가도록 구성했어요.

* 책 속 메뉴는 괄호 속 페이지에서 레시피를 찾으세요.
그 외 간단한 기본 메뉴는 편한 방법으로 만들되, 소금과 당류의 양을 줄이고 올리브유로 요리하세요.

목	금	토	일
· 아보카도 베리 오픈 샌드위치(242쪽)	· 구운 두부 버섯 비빔밥(220쪽)	· 달걀 채소찜 샐러드(202쪽)	· 대파 오믈렛과 과일 샐러드(194쪽)
· 새우 숙주 볶음밥(222쪽) · 라페(80~83쪽)	· 구운 가지 버섯 샌드위치(244쪽) · 캐슈넛 사과 양배추 샐러드(204쪽)	· 뿌리채소 스테이크솥밥(228쪽) · 쌈채소 들기름겉절이(105쪽)	· 버섯 소스의 연어 스테이크(186쪽) · 라페(80~83쪽)
· 두부밥(92쪽) · 구운 꽁치 감자조림(172쪽) · 버섯잡채(126쪽) · 채소 + MIND 쌈장(68~71쪽)	· 잡곡밥 · 닭고기 캐슈넛볶음(150쪽) · 양배추 당근무침(106쪽) · 라페(80~83쪽)	· 두부면 월남쌈(248쪽) · 브로콜리 들깨무침(112쪽) · 채소 오일절임(84~87쪽)	· 채소밥(93쪽) · 닭다리 대파구이와 깻잎살사(158쪽) · 꽈리고추 가지찜(116쪽) · 우엉 당근무침(110쪽) · 채소 + MIND 쌈장(68~71쪽)
· 토마토 그릭요거트 샐러드(200쪽)	· 나또 생두부와 그린 샐러드(190쪽)	· 수란 그릭요거트와 베리(192쪽) · 통곡물빵	· 부라타치즈 토마토 샐러드(212쪽)
· 샌드위치 김밥(230쪽) · 채소 오일절임(84~87쪽)	· 렌틸콩 현미밥(92쪽) · 고등어 간장조림(170쪽) · 무 미나리생채(103쪽) · 새송이버섯조림(123쪽) · 채소 + MIND 쌈장(68~71쪽)	· 훈제연어 통밀 또띠야랩(246쪽)	· 닭고기 렌틸콩국수(234쪽) · 우엉 당근무침(110쪽)
· 잡곡밥 · 과메기 땅콩쌈(176쪽) · 숙주 달걀볶음(118쪽) · 오이 통깨무침(104쪽)	· 쇠고기 채소 볶음국수(238쪽) · 연근냉채(108쪽)	· 잡곡밥 · 흰살 생선회 채소무침(174쪽) · 두부 톳무침(130쪽) · 버섯 달걀전(128쪽) · 채소 + MIND 쌈장(68~71쪽)	· 강황밥(93쪽) · 전복 파프리카구이(180쪽) · 노루궁뎅이버섯 애호박볶음(124쪽) · 라페(80~83쪽)

Index 주 재료별

오이 / 가지 / 애호박
- 가지 강황 후무스 — 74
- 가지구이무침 — 107
- 구운 가지 버섯 샌드위치 — 244
- 구운 가지와 콩 샐러드 — 208
- 꽈리고추 가지찜 — 116
- 노루궁뎅이버섯 애호박볶음 — 124
- 닭고기 가지볶음 — 152
- 돼지고기 가지 덮밥 — 224
- 매콤 가지 오일절임 — 85
- 오이 요거트디핑소스 — 89
- 오이 통깨무침 — 104
- 훈제연어 통밀 또띠야랩 — 246
- 흰살 생선회 채소무침 — 174

파프리카 / 피망
- 닭고기 캐슈넛볶음 — 150
- 두부면 월남쌈 — 248
- 연어 조개 채소찜 — 184
- 전복 파프리카구이 — 180
- 파프리카 새우 겨자무침 — 120
- 파프리카 오일절임 — 85

토마토
- 달걀 채소찜 샐러드 — 202
- 닭가슴살 마르게리타 — 160
- 부라타치즈 토마토 샐러드 — 212
- 새우 토마토 감바스 — 182
- 아보카도 베리 오픈 샌드위치 — 242
- 참치 콥샐러드 — 218
- 토마토 그릭요거트 샐러드 — 200
- 토마토 마늘 오일절임 — 84
- 토마토 문어냉채 — 178
- 토마토 양파 땅콩무침 — 111
- 토마토살사 — 88

당근 / 무 / 연근 / 우엉
- 곤약 병아리콩조림 — 145
- 달걀 채소찜 샐러드 — 202
- 당근라페 — 81
- 뿌리채소 스테이크솥밥 — 228
- 양배추 당근무침 — 106
- 연근냉채 — 108
- 우엉 당근무침 — 110

양배추 / 브로콜리
- 달걀 채소찜 샐러드 — 202
- 두부 오꼬노미야끼 — 138
- 브로콜리 들깨무침 — 112
- 쇠고기 채소 볶음국수 — 238
- 양배추 당근무침 — 106
- 양배추라페 — 81
- 연두부 브로콜리볶음 — 134
- 캐슈넛 사과 양배추 샐러드 — 204

콩
- 갈릭 새우 렌틸콩 샐러드 — 214
- 곤약 병아리콩조림 — 145
- 과메기 땅콩쌈 — 176
- 구운 가지와 콩 샐러드 — 208
- 나또 명란파스타 — 240
- 나또 생두부와 그린 샐러드 — 190
- 닭고기 렌틸콩국수 — 234
- 땅콩 호두조림 — 144
- 병아리콩 후무스 — 72
- 뿌리채소 스테이크솥밥 — 228
- 연어 병아리콩 샐러드 — 216
- 채소콩전 — 146

두부와 나또
- 구운 두부 버섯 비빔밥 — 220

구운 버섯 두부 샐러드	210	닭봉 채소조림	156
깐풍두부	140	당근라페 달걀김밥	232
나또 생두부와 그린 샐러드	190	오리고기 주물럭	166
두부 멸치조림	142	훈제오리 채소찜	164
두부 명란구이	136	훈제오리구이와 채소 냉채	162
두부 버섯 강황조림	143		
두부 오꼬노미야끼	138	**등푸른 생선**	
두부 톳무침	130	고등어 간장조림	170
두부면 월남쌈	248	과메기 땅콩쌈	176
순두부 달걀 덮밥	198	구운 꽁치 감자조림	172
순두부 달걀찜	132	버섯 소스의 연어 스테이크	186
연두부 브로콜리볶음	134	삼치 머스터드구이	168
올리브유 쌈장	70	연어 병아리콩 샐러드	216
		연어 조개 채소찜	184
달걀		훈제연어 통밀 또띠야랩	246
달걀 채소찜 샐러드	202		
당근라페 달걀김밥	232	**생새우살**	
대파 오믈렛과 과일 샐러드	194	갈릭 새우 렌틸콩 샐러드	214
두부 오꼬노미야끼	138	새우 숙주 볶음밥	222
버섯 달걀전	128	새우 토마토 감바스	182
버섯과 달걀 오픈 샌드위치	196	파프리카 새우 겨자무침	120
수란 그릭요거트와 베리	192		
순두부 달걀 덮밥	198	**통조림 참치 / 기타 해산물**	
순두부 달걀찜	132	전복 파프리카구이	180
		참치 콥샐러드	218
닭고기 / 오리고기		참치디핑소스	88
닭가슴살 마르게리타	160	토마토 문어냉채	178
닭가슴살 버섯 오렌지 샐러드	206	흰살 생선회 채소무침	174
닭고기 가지볶음	152		
닭고기 렌틸콩국수	234	**쇠고기 / 돼지고기**	
닭고기 버섯 곤약밥	226	돼지고기 가지 덮밥	224
닭고기 캐슈넛볶음	150	뿌리채소 스테이크솥밥	228
닭고기 채소쌈	148	쇠고기 채소 볶음국수	238
닭고기전과 파무침	154	연두부 브로콜리볶음	134
닭다리 대파구이와 깻잎살사	158		

이 책과 함께 보면 좋은 '건강 잡는' 요리책 시리즈

대사증후군 잡는 식사법은 따로 있다!
실천하기 쉬워 평생 지속 가능한 2·1·1 식단

- ☑ 채소 : 단백질 식품 : 통곡물을 2 : 1 : 1로 맞춰 먹는 아침, 점심, 저녁 40가지 2·1·1 식단
- ☑ 모든 메뉴는 양념을 최소한으로 사용, 구하기 쉬운 재료와 간단한 조리법 활용
- ☑ 대표 식재료, 자주 먹는 음식의 eGL 표, 그대로 따라 하는 2주간의 식단 공개
- ☑ 전자레인지로 만드는 Low GL 밥, 저염 국, 김치, 간식 레시피까지 과학적인 영양 분석과 함께 소개

< 대사증후군 잡는 2·1·1 식단 >
남기선 & 레시피팩토리 지음 / 224쪽

당뇨 전단계에서 혈당, 혈압, 체중까지
정상으로 돌아온 셰프의 맛보장 저탄수 레시피

- ☑ 달걀&오트밀 요리, 수프, 샐러드, 밥&면, 일품요리, 음료&간식 등 84가지 저탄수 균형식 레시피
- ☑ 당뇨 전단계 진단을 받은 요리연구가인 지자가 직접 개발하고 식단을 통해 실천한 메뉴 수록
- ☑ 저탄수 균형식을 위한 저탄수 밥, 저탄수 홈메이드 소스, 드레싱, 육수 등 알짜 정보 소개
- ☑ 전문 영양사의 정확한 1인분 영양 분석, 영양 전문가의 자문으로 믿을 수 있는 탄탄한 내용

< 당뇨와 고혈압 잡는 저탄수 균형식 다이어트 >
윤지아 지음 / 208쪽

늘 곁에 두고 활용하는 소장 가치 높은 책을 만듭니다 **레시피팩토리**

홈페이지 www.recipefactory.co.kr

맛있는 일상의 저당식으로
가족 건강 지킨 영양사 주부의 실전 노하우

- ☑ 백반 세트 50%, 한그릇 별미밥 도시락 25%,
  별식 도시락 25%로 구성한 일주일 식단 레시피

- ☑ 일주일에 한번 한꺼번에 만드는 반찬데이,
  밀프렙을 활용한 당일 조리의 효율적 준비 방식

- ☑ 혈당과 과식 방어가 가능한 식전샐러드,
  기호에 따라 고를 수 있는 잡곡밥 완벽하게 정리

- ☑ 나에게 필요한 섭취량 계산법, 맞춤 식단 구성법으로
  나만의 식단을 구성하는 방법 소개

< 당뇨 잡는 사계절 저당 식단&도시락 >
임재영 지음 / 312쪽

항염 효과가 뛰어난 10가지 채소로 만든
쉽고, 맛있고, 다채로운 건강 집밥

- ☑ 양배추, 당근, 토마토, 버섯 등 익숙한 채소로
  만드는 유튜브 45만 구독자의 건강한 항염 집밥

- ☑ 밥 반찬부터 샐러드, 수프, 한그릇 식사,
  일품요리, 간식까지 86가지 맛보장 레시피

- ☑ 콩류, 두부, 달걀, 올리브유, 들기름 등
  염증 줄이고 영양 채우는 다양한 부재료 사용

- ☑ 고온에서 굽거나 튀기기 대신 당독소 없는
  찌거나 삶거나, 저온에서 굽는 조리법 이용

< 만성염증과 독소 잡는 쿡언니네 채소 항염식 >
이재연 지음 / 232쪽

인지장애와 치매 잡는 뇌 건강 식사법
저속노화 MIND 식단

1판 1쇄 펴낸 날	2025년 9월 9일
1판 2쇄 펴낸 날	2025년 10월 22일

편집장	김상애
책임편집	김민아
디자인	원유경
사진 촬영	박형인(studio TOM)
조사 및 정리작업	강해진(경희대 의학영양대학원 박사)
기획·마케팅	내도우리·엄지혜

편집주간	박성주
펴낸이	조준일

펴낸곳	(주)레시피팩토리
주소	서울특별시 용산구 한강대로 95 래미안용산더센트럴 A동 509호
대표번호	02-534-7011
팩스	02-6969-5100
홈페이지	www.recipefactory.co.kr
애독자 카페	cafe.naver.com/superecipe
출판신고	2009년 1월 28일 제25100-2009-000038호

제작·인쇄	(주)대한프린테크

값 25,000원

ISBN 979-11-92366-59-3

Copyright © 박유경, 이미경, 2025
이 책의 레시피, 사진 등 모든 저작권은 저자와 (주)레시피팩토리에 있는 저작물이므로
이 책에 실린 글, 레시피, 사진의 무단 전재와 무단 복제를 금합니다.

* 인쇄 및 제본에 이상이 있는 책은 구입하신 서점에서 교환해 드립니다.